THE TIMES

MindGames

Number & Logic Puzzles

Published by Times Books

An imprint of HarperCollins Publishers
Westerhill Road
Bishopbriggs
Glasgow G64 2QT
www.harpercollins.co.uk
timesbooks@harpercollins.co.uk

HarperCollins*Publishers*
1st Floor, Watermaque Building, Ringsend Road
Dublin 4, Ireland

First edition 2016

ISBN 978-0-00-819030-9, 978-0-00-797489-4

10 9 8 7

A catalogue record for this book is available from the British Library.

If you would like to comment on any aspect of this book, please contact us at the given address or online.
E-mail: puzzles@harpercollins.co.uk

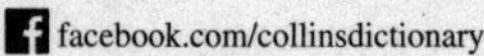

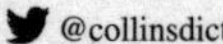

Printed and bound by CPI Group (UK) Ltd, Croydon, CR0 4YY

Acknowledgements

Brain Teasers	PUZZLER MEDIA
Cell Blocks	PUZZLER MEDIA
Futoshiki	PUZZLER MEDIA
Kakuro	PUZZLER MEDIA
KenKen	UNIVERSAL UCLICK
Set Square	PUZZLER MEDIA
Suko	PUZZLER MEDIA

MIX
Paper from responsible sources
FSC™ C007454

This book is produced from independently certified FSC™ paper to ensure responsible forest management.

For more information visit: www.harpercollins.co.uk/green

Contents

Introduction

Numbers hold an enduring fascination for the curious-minded. These shapeshifting abstractions can be pushed, pulled, fiddled and finessed into endless combinations and patterns. It's this remarkable versatility that makes numbers perfect for puzzles — and it's why the numerical puzzles in the MindGames section of *The Times* continue to enthral thousands of readers every day.

This new collection brings together a selection of the best number and logic puzzles from *The Times*: Suko, Brain Trainer, Cell Blocks, Futoshiki, Kakuro, Set Square and KenKen. Although every one of these puzzles employs numbers, not all require a mathematical approach to solving. Cell Blocks and Futoshiki in particular demand the thoughtful application of logic to reach the solution rather than any arithmetical wizardry. Suko, Kakuro, Set Square and KenKen need a combination of the two disciplines, while Brain Trainer is emphatically one for the number crunchers.

Whatever your method of cracking the puzzles, our MindGames offer the opportunity to revel in the pure pleasure of numbers.

David Parfitt
Puzzles Editor of *The Times*

For more MindGames, subscribe to *The Times* at:
store.thetimes.co.uk

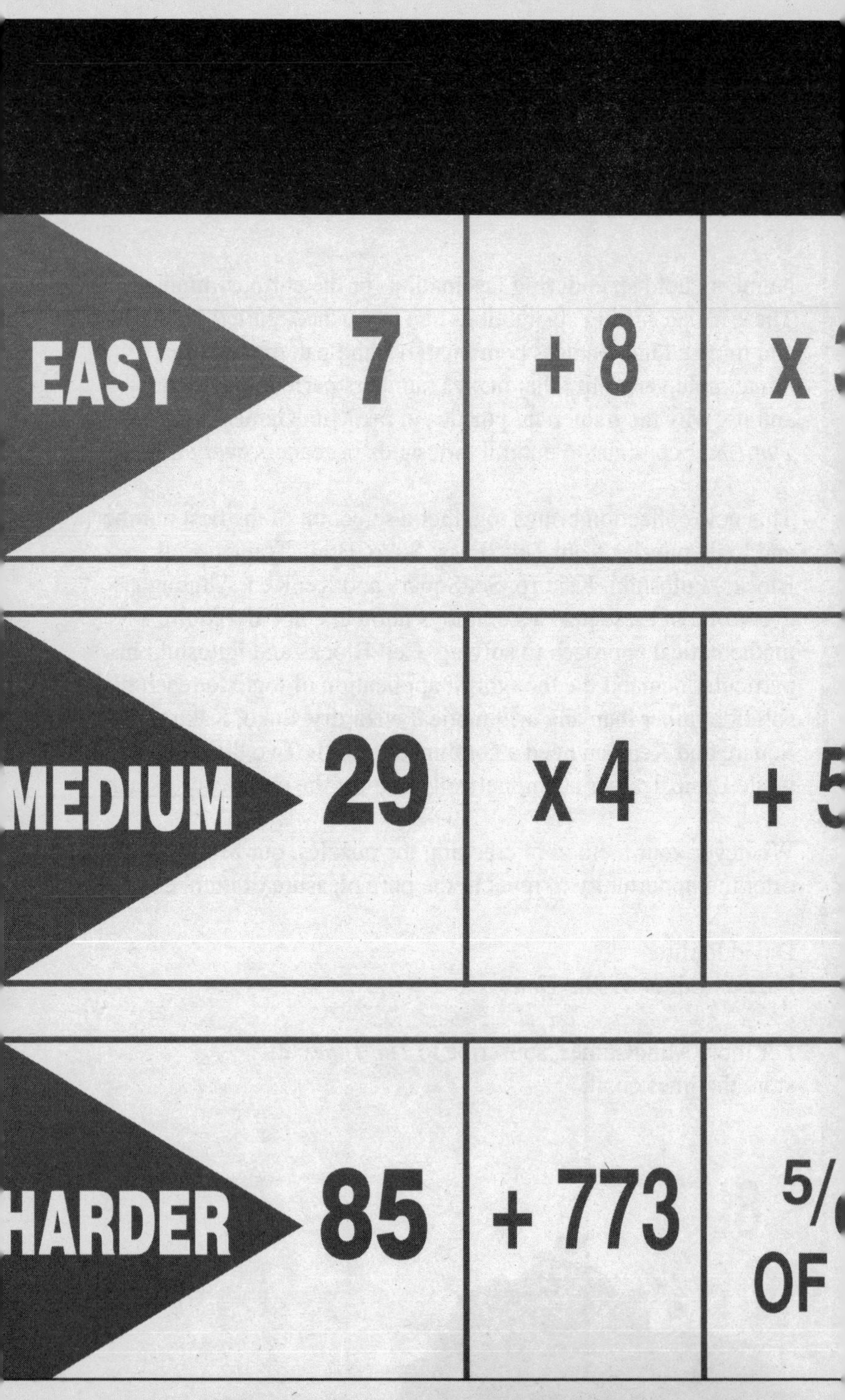

EASY
7
+ 8
x
MEDIUM
29
x 4
+
HARDER
85
+ 773
OF

Brain Trainer

– 9	50% OF IT	x 4	5 OF
5/6 OF IT	+ 83	1/6 OF IT	X
80% OF IT	x 5	70% OF IT	X

How to Play

Just follow the instructions from left to right, starting with the number given to reach an answer at the end.

Sometimes called 'Totalized', this challenging mathematical puzzle is designed to stimulate the brain, whereby the solver attempts to work their way through the individual tasks in their head, seeing how quickly they can get to the final solution. Sometimes called 'The 30-Second Challenge', with varying degrees of difficulty. Mainly born out of the recognition of using puzzles for 'Brain Training'.

EASY	9	DOUBLE IT	– 6	3/4 OF IT	TREBLE IT	+ 12	÷ 3	DOUBLE IT	x 4	+ 9	ANSWER	
MEDIUM	150	x 4	+ 284	3/4 OF IT	– 215	5/8 OF IT	÷ 14	SQUARE IT	– 148	+ 2/3 OF IT	ANSWER	
HARDER	152	+ 3/4 OF IT	+ 358	+ 3/4 OF IT	÷ 12	TREBLE IT	– 98	6/7 OF IT	SQUARE IT	÷ 50	ANSWER	

EASY	9	DOUBLE IT	– 6	3/4 OF IT	TREBLE IT	+ 12	÷ 3	DOUBLE IT	x 4	+ 9	ANSWER	113
MEDIUM	150	x 4	+ 284	3/4 OF IT	– 215	5/8 OF IT	÷ 14	SQUARE IT	– 148	+ 2/3 OF IT	ANSWER	420
HARDER	152	+ 3/4 OF IT	+ 358	+ 3/4 OF IT	÷ 12	TREBLE IT	– 98	6/7 OF IT	SQUARE IT	÷ 50	ANSWER	450

1

EASY	7	+ 8	x 3	– 9	50% OF IT	x 4	5/12 OF IT	– 13	x 3	+ 8	ANSWER	
MEDIUM	29	x 4	+ 58	5/6 OF IT	+ 83	1/6 OF IT	x 3	+1/6 OF IT	– 88	+2/3 OF IT	ANSWER	
HARDER	85	+ 773	5/6 OF IT	80% OF IT	x 5	70% OF IT	x 3	– 778	3/4 OF IT	– 961	ANSWER	

2

EASY	35	x 3	– 6	1/3 OF IT	+ 5	50% OF IT	+ 12	x 2	– 4	50% OF IT	ANSWER	
MEDIUM	88	+ 77	x 3	+1/5 OF IT	7/9 OF IT	x 2	– 76	75% OF IT	+ 86	+1/2 OF IT	ANSWER	
HARDER	99	x 7	+ 967	90% OF IT	+ 698	13/16 OF IT	x 3	– 107	+1/4 OF IT	– 998	ANSWER	

3

EASY	11	+ 3	5/7 OF IT	x 6	− 8	÷ 4	+ 9	x 2	+ 7	2/3 OF IT	ANSWER
MEDIUM	16	SQUARE IT	50% OF IT	+ 48	x 3	+ 88	75% OF IT	− 86	+1/2 OF IT	+ 67	ANSWER
HARDER	124	x 8	+ 276	+3/4 OF IT	− 389	30% OF IT	+ 668	x 2	+ 778	+1/4 OF IT	ANSWER

4

EASY	30	50% OF IT	+ 12	x 3	+ 7	1/2 OF IT	− 11	+1/3 OF IT	− 9	x 3	ANSWER
MEDIUM	22	SQUARE IT	75% OF IT	x 3	− 39	30% OF IT	− 89	+1/2 OF IT	+ 76	40% OF IT	ANSWER
HARDER	99	x 5	+ 827	+1/2 OF IT	+ 765	+1/6 OF IT	x 3	− 993	7/25 OF IT	+ 261	ANSWER

5

											Answer
EASY	19	x 3	+ 8	x 2	− 14	50% OF IT	+ 1/2 OF IT	− 6	+ 12	2/3 OF IT	
MEDIUM	63	+ 81	x 4	− 56	20% OF IT	+ 58	+ 1/2 OF IT	+ 89	x 2	− 46	
HARDER	58	x 7	+ 336	x 4	− 460	+ 1/6 OF IT	+ 872	2/3 OF IT	x 3	+ 876	

6

											Answer
EASY	15	− 6	SQUARE IT	+ 14	4/5 OF IT	− 8	÷ 2	− 6	50% OF IT	+ 6	
MEDIUM	42	+ 1/2 OF IT	x 4	+ 27	7/9 OF IT	x 3	− 78	x 2	− 98	5/8 OF IT	
HARDER	126	+ 477	+ 1/3 OF IT	+ 739	x 2	− 818	x 3	− 558	2/3 OF IT	− 955	

7

	Start										
EASY	22	x 4	+ 8	÷ 3	+ 9	x 3	– 11	÷ 7	3/4 OF IT	+ 11	ANSWER
MEDIUM	76	x 3	+ 68	+ 1/4 OF IT	40% OF IT	x 3	– 18	50% OF IT	+ 85	x 3	ANSWER
HARDER	211	+ 737	+ 3/4 OF IT	x 4	– 984	1/4 OF IT	x 3	+ 557	50% OF IT	– 883	ANSWER

8

	Start										
EASY	72	– 7	3/5 OF IT	+ 8	x 2	– 18	3/4 OF IT	– 11	50% OF IT	+ 9	ANSWER
MEDIUM	18	SQUARE IT	x 3	– 66	2/3 OF IT	+ 48	+ 1/4 OF IT	– 57	+ 1/2 OF IT	– 98	ANSWER
HARDER	154	x 6	+ 887	x 3	– 765	75% OF IT	+ 874	6/7 OF IT	70% OF IT	11/25 OF IT	ANSWER

9

Level	Start	1	2	3	4	5	6	7	8	9	ANSWER
EASY	52	+ 6	+$\frac{1}{2}$ OF IT	− 11	$\frac{3}{4}$ OF IT	− 8	$\frac{6}{7}$ OF IT	− 9	÷ 11	SQUARE IT	
MEDIUM	73	x 4	+ 68	40% OF IT	− 66	+$\frac{1}{2}$ OF IT	+ 87	+$\frac{1}{6}$ OF IT	+ 58	x 3	
HARDER	192	+ 876	x 3	$\frac{5}{6}$ OF IT	90% OF IT	− 468	+$\frac{2}{5}$ OF IT	+ 884	x 2	− 662	

10

Level	Start	1	2	3	4	5	6	7	8	9	ANSWER
EASY	7	x 4	$\frac{1}{2}$ OF IT	+ 7	+$\frac{2}{3}$ OF IT	+ 9	25% OF IT	x 6	− 9	x 3	
MEDIUM	49	+ 64	x 3	− 53	+$\frac{1}{2}$ OF IT	− 66	$\frac{2}{3}$ OF IT	+ 88	30% OF IT	+$\frac{2}{9}$ OF IT	
HARDER	54	x 6	+784	+$\frac{1}{2}$ OF IT	x 3	− 576	90% OF IT	+ 443	+$\frac{1}{4}$ OF IT	− 918	

11

EASY	14	– 9	SQUARE IT	+ 11	¾ OF IT	+ 15	⅚ OF IT	+ 9	50% OF IT	+ 7	ANSWER
MEDIUM	53	+ 95	x 3	+ 88	+¼ OF IT	– 92	+⅓ OF IT	– 84	40% OF IT	+ 34	ANSWER
HARDER	78	x 8	+¾ OF IT	+ 923	x 3	– 339	7/9 OF IT	+ 794	÷ 16	+ 989	ANSWER

12

EASY	27	x 2	+ 12	½ OF IT	– 9	x 4	7/12 OF IT	+ 18	50% OF IT	– 11	ANSWER
MEDIUM	98	x 3	– 84	70% OF IT	+ 87	+½ OF IT	– 45	⅚ OF IT	+ 77	75% OF IT	ANSWER
HARDER	311	x 6	+ 456	+½ OF IT	+ 559	50% OF IT	x 3	– 876	+⅓ OF IT	– 358	ANSWER

Brain Trainer | Cell Blocks | Futoshiki | Kakuro | KenKen | Set Square | Suko

13

EASY	8	x 4	– 9	x 3	+ 7	75% OF IT	– 12	$^7/_9$ OF IT	x 2	– 15	ANSWER
MEDIUM	102	x 3	– 78	+$^1/_2$ OF IT	+ 71	x 2	– 28	+$^1/_2$ OF IT	– 99	÷ 2	ANSWER
HARDER	46	+ 873	x 4	– 174	+$^1/_2$ OF IT	– 583	90% OF IT	x 2	– 786	40% OF IT	ANSWER

14

EASY	24	$^3/_4$ OF IT	x 2	+ 8	75% OF IT	+ 9	x 2	– 6	+$^1/_2$ OF IT	– 18	ANSWER
MEDIUM	77	x 3	+ 67	50% OF IT	+ 755	$^7/_8$ OF IT	– 313	+$^1/_2$ OF IT	– 99	$^2/_3$ OF IT	ANSWER
HARDER	93	x 7	+ 535	+$^1/_2$ OF IT	+ 886	$^4/_5$ OF IT	x 3	– 774	$^5/_6$ OF IT	– 968	ANSWER

15

EASY 58	+ 14	÷ 12	SQUARE IT	x 3	– 12	5/6 OF IT	70% OF IT	+ 9	÷ 13	ANSWER
MEDIUM 43	x 9	+ 87	5/6 OF IT	x 3	– 99	50% OF IT	+ 87	30% OF IT	– 65	ANSWER
HARDER 67	+ 681	x 5	70% OF IT	x 2	– 872	75% OF IT	+ 873	+ 1/2 OF IT	– 234	ANSWER

16

EASY 11	+ 7	x 5	90% OF IT	– 9	7/9 OF IT	– 14	÷ 2	+ 11	x 3	ANSWER
MEDIUM 16	SQUARE IT	+ 1/2 OF IT	+ 28	x 2	7/8 OF IT	+ 95	1/2 OF IT	– 87	+ 1/3 OF IT	ANSWER
HARDER 236	x 6	+ 386	+ 1/2 OF IT	x 3	– 933	5/8 OF IT	+ 903	+ 1/4 OF IT	– 884	ANSWER

Brain Trainer | Cell Blocks | Futoshiki | Kakuro | KenKen | Set Square | Suko

17

Level	Start	1	2	3	4	5	6	7	8	9	ANSWER
EASY	8	+ 3/4 OF IT	+ 15	x 2	+ 1/2 OF IT	− 9	5/6 OF IT	+ 11	1/2 OF IT	+ 9	
MEDIUM	59	x 3	+ 51	+ 1/4 OF IT	− 97	+ 1/4 OF IT	+ 79	+ 1/2 OF IT	− 99	3/4 OF IT	
HARDER	91	x 7	+ 389	x 2	+ 196	7/8 OF IT	+ 891	+ 1/2 OF IT	+ 798	80% OF IT	

18

Level	Start	1	2	3	4	5	6	7	8	9	ANSWER
EASY	9	+ 3	x 4	+ 9	÷ 3	x 2	+ 16	5/9 OF IT	+ 11	x 2	
MEDIUM	23	+ 87	70% OF IT	x 4	+ 88	+ 1/4 OF IT	− 15	90% OF IT	+ 44	x 2	
HARDER	87	x 4	+ 986	+ 1/2 OF IT	x 3	− 987	7/8 OF IT	+ 876	÷ 15	+ 768	

19

EASY 9	+ 7	x 5	− 8	÷ 12	SQUARE IT	50% OF IT	+ 4	x 3	− 14	ANSWER
MEDIUM 53	x 5	+ 57	50% OF IT	+ 34	+1/5 OF IT	x 3	− 88	+1/2 OF IT	− 87	ANSWER
HARDER 106	+1/2 OF IT	x 5	+ 617	+1/4 OF IT	x 3	80% OF IT	− 864	+1/3 OF IT	+ 789	ANSWER

20

EASY 25	+ 5	x 2	+ 4	÷ 8	+ 13	2/3 OF IT	x 2	75% OF IT	− 9	ANSWER
MEDIUM 132	+1/4 OF IT	x 4	+ 72	25% OF IT	+ 47	80% OF IT	+ 77	+2/3 OF IT	x 2	ANSWER
HARDER 39	x 8	+1/6 OF IT	+ 996	40% OF IT	x 5	÷ 20	x 9	+ 987	x 3	ANSWER

21

Level	Start	1	2	3	4	5	6	7	8	9	ANSWER
EASY	21	1/3 OF IT	x 6	+ 9	+ 1/3 OF IT	– 8	3/5 OF IT	x 2	+ 12	÷ 4	
MEDIUM	33	+ 14	x 4	+ 1/2 OF IT	+ 78	70% OF IT	+ 51	+ 1/3 OF IT	+ 24	75% OF IT	
HARDER	55	x 4	+ 149	x 5	+ 477	+ 1/2 OF IT	x 2	– 762	5/6 OF IT	+ 449	

22

Level	Start	1	2	3	4	5	6	7	8	9	ANSWER
EASY	14	+ 13	1/3 OF IT	+ 7	75% OF IT	+ 5	x 3	– 12	2/3 OF IT	+ 15	
MEDIUM	25	SQUARE IT	+ 59	+ 1/4 OF IT	x 2	30% OF IT	+ 78	+ 1/3 OF IT	– 95	÷ 3	
HARDER	277	+ 521	x 5	+ 228	+ 1/2 OF IT	5/9 OF IT	– 891	+ 1/4 OF IT	– 98	+ 1/2 OF IT	

23

Level	Start	1	2	3	4	5	6	7	8	9	ANSWER
EASY	6	SQUARE IT	− 9	÷ 3	+ 11	70% OF IT	x 2	+ 8	25% OF IT	+ 8	
MEDIUM	32	x 7	+ 52	5/6 OF IT	30% OF IT	+ 87	5/6 OF IT	− 15	÷ 5	+ 61	
HARDER	73	+ 822	x 4	90% OF IT	5/6 OF IT	+ 681	+ 1/2 OF IT	− 895	50% OF IT	+ 727	

24

Level	Start	1	2	3	4	5	6	7	8	9	ANSWER
EASY	22	1/2 OF IT	+ 7	x 2	+ 13	6/7 OF IT	+ 9	x 2	− 8	50% OF IT	
MEDIUM	57	x 3	− 45	7/9 OF IT	x 3	+ 78	+ 1/2 OF IT	+ 99	+ 1/3 OF IT	− 58	
HARDER	114	+ 978	x 3	+ 776	+ 1/4 OF IT	− 987	+ 1/2 OF IT	+ 859	÷ 16	x 9	

25

EASY	9	SQUARE IT	+ 11	25% OF IT	− 6	x 3	+ 14	÷ 13	SQUARE IT	x 4	ANSWER
MEDIUM	38	x 5	− 87	x 7	+ 64	60% OF IT	− 33	+ 1/2 OF IT	+ 99	÷ 3	ANSWER
HARDER	51	x 7	+ 943	70% OF IT	x 5	+ 748	5/6 OF IT	− 885	+ 1/5 OF IT	x 2	ANSWER

26

EASY	15	x 6	− 8	1/2 OF IT	+ 15	x 2	− 7	80% OF IT	+ 9	÷ 3	ANSWER
MEDIUM	79	+ 89	11/12 OF IT	x 2	+ 68	25% OF IT	+ 98	x 2	75% OF IT	5/6 OF IT	ANSWER
HARDER	21	SQUARE IT	+ 874	+ 1/5 OF IT	+ 997	11/25 OF IT	+ 897	x 4	90% OF IT	− 767	ANSWER

27

Level	Start										ANSWER
EASY	18	+ 8	x 2	+ 6	+ 1/2 OF IT	+ 12	7/9 OF IT	+ 7	25% OF IT	+ 14	
MEDIUM	26	x 6	+ 27	+ 1/3 OF IT	+ 87	x 2	+ 56	50% OF IT	– 77	+ 1/2 OF IT	
HARDER	127	+ 357	x 5	90% OF IT	x 3	5/6 OF IT	– 973	75% OF IT	+ 764	x 2	

28

Level	Start										ANSWER
EASY	10	– 2	SQUARE IT	3/4 OF IT	+ 7	3/5 OF IT	x 3	– 14	20% OF IT	x 2	
MEDIUM	23	x 4	+ 44	+ 1/4 OF IT	+ 78	75% OF IT	+ 66	+ 1/4 OF IT	x 3	÷ 15	
HARDER	96	x 7	+ 882	+ 1/2 OF IT	+ 653	7/8 OF IT	x 3	– 769	+ 1/4 OF IT	– 987	

Brain Trainer | Cell Blocks | Futoshiki | Kakuro | KenKen | Set Square | Suko

29

EASY	12	x 2	– 8	75% OF IT	x 3	– 17	x 2	+ 8	x 2	– 7	ANSWER
MEDIUM	17	+ 67	11/12 OF IT	x 5	+ 45	40% OF IT	x 4	– 78	60% OF IT	x 3	ANSWER
HARDER	65	x 6	+ 256	+ 1/2 OF IT	+ 856	11/25 OF IT	+ 996	x 2	+ 383	+ 1/3 OF IT	ANSWER

30

EASY	8	SQUARE IT	+ 4	50% OF IT	– 5	x 2	+ 14	÷ 9	+ 19	x 2	ANSWER
MEDIUM	81	x 3	+ 55	x 3	– 86	+ 1/4 OF IT	– 78	75% OF IT	÷ 3	+ 56	ANSWER
HARDER	142	x 6	+ 874	+ 1/2 OF IT	x 3	7/9 OF IT	– 457	7/8 OF IT	+ 784	70% OF IT	ANSWER

31

Level	Start										Answer
EASY	4	x 3	+ 14	x 2	− 8	25% OF IT	+ 9	30% OF IT	SQUARE IT	÷ 4	
MEDIUM	49	x 4	+ 68	+ $^{1}/_{6}$ OF IT	x 2	+ $^{1}/_{4}$ OF IT	90% OF IT	$^{2}/_{3}$ OF IT	x 2	− 88	
HARDER	86	+ 556	x 6	+ 188	70% OF IT	− 894	+ $^{1}/_{2}$ OF IT	+ 757	+ $^{1}/_{2}$ OF IT	− 468	

32

Level	Start										Answer
EASY	12	x 3	+ 13	$^{3}/_{7}$ OF IT	x 2	$^{5}/_{6}$ OF IT	− 11	÷ 6	SQUARE IT	x 5	
MEDIUM	135	+ 47	+ $^{1}/_{2}$ OF IT	x 2	+ 92	50% OF IT	x 3	− 39	÷ 9	+ 85	
HARDER	101	x 6	− 275	x 4	+ 120	+ $^{1}/_{4}$ OF IT	+ 897	x 3	− 634	$^{7}/_{8}$ OF IT	

Brain Trainer | Cell Blocks | Futoshiki | Kakuro | KenKen | Set Square | Suko

33

EASY 18	x 2	+ 8	3/4 OF IT	+ 15	25% OF IT	+ 13	x 3	20% OF IT	+ 9	ANSWER
MEDIUM 23	x 7	+ 47	+ 1/4 OF IT	+ 45	60% OF IT	+ 59	x 2	+ 98	+ 1/3 OF IT	ANSWER
HARDER 85	x 3	+ 427	+ 1/2 OF IT	x 4	– 882	90% OF IT	+ 821	70% OF IT	– 995	ANSWER

34

EASY 9	+ 7	x 2	÷ 4	SQUARE IT	+ 6	70% OF IT	+ 13	50% OF IT	+ 16	ANSWER
MEDIUM 105	+ 41	x 2	– 66	1/2 OF IT	x 3	+ 56	60% OF IT	+ 75	x 2	ANSWER
HARDER 112	x 6	75% OF IT	7/9 OF IT	x 6	+ 782	+ 1/2 OF IT	– 558	2/3 OF IT	– 985	ANSWER

35

EASY	22	7/11 OF IT	+9	x 2	+ 8	5/6 OF IT	÷ 15	SQUARE IT	+ 13	x 3	ANSWER
MEDIUM	31	x 3	+ 85	+ 1/2 OF IT	x 2	+ 34	7/8 OF IT	+ 68	20% OF IT	+ 89	ANSWER
HARDER	184	+ 578	x 4	– 556	+ 1/4 OF IT	+ 667	+ 1/2 OF IT	– 777	5/12 OF IT	+ 879	ANSWER

36

EASY	6	x 3	+ 9	x 2	– 8	50% OF IT	+ 4	2/3 OF IT	x 2	– 14	ANSWER
MEDIUM	91	+ 68	+ 1/3 OF IT	+ 79	x 2	– 86	+ 1/4 OF IT	+ 96	25% OF IT	– 97	ANSWER
HARDER	144	+ 848	+ 1/4 OF IT	x 4	+ 467	÷ 3	+ 863	7/8 OF IT	+ 677	13/15 OF IT	ANSWER

37

EASY ▶ 12	x 3	+ 4	x 2	− 6	50% OF IT	+ 7	÷ 11	SQUARE IT	+ 19	▶ ANSWER	
MEDIUM ▶ 16	x 6	+ 78	+ 1/2 OF IT	x 3	+ 97	80% OF IT	− 68	5/6 OF IT	+ 97	▶ ANSWER	
HARDER ▶ 207	x 7	+ 881	70% OF IT	+ 419	90% OF IT	+ 993	50% OF IT	+ 694	x 3	▶ ANSWER	

38

EASY ▶ 14	x 2	+ 8	2/3 OF IT	x 3	− 7	÷ 5	+ 11	2/3 OF IT	+ 9	▶ ANSWER	
MEDIUM ▶ 20	SQUARE IT	x 3	− 88	7/8 OF IT	− 67	÷ 3	+ 99	x 2	+ 1/2 OF IT	▶ ANSWER	
HARDER ▶ 99	x 3	+ 965	+ 1/2 OF IT	+ 882	40% OF IT	+ 879	+ 1/3 OF IT	− 558	+ 1/2 OF IT	▶ ANSWER	

39

EASY	15	x 6	− 6	÷ 2	+ 7	6/7 OF IT	+ 6	÷ 8	SQUARE IT	x 2	ANSWER
MEDIUM	81	+2/3 OF IT	x 3	+ 68	x 2	− 28	50% OF IT	− 78	+2/3 OF IT	+ 87	ANSWER
HARDER	162	x 9	+ 458	x 4	− 542	50% OF IT	+ 564	80% OF IT	30% OF IT	+ 679	ANSWER

40

EASY	5	x 6	− 9	2/3 OF IT	+ 8	÷ 2	+ 9	70% OF IT	+ 4	1/3 OF IT	ANSWER
MEDIUM	84	+ 182	+1/2 OF IT	x 3	− 96	2/3 OF IT	− 76	1/2 OF IT	+ 89	50% OF IT	ANSWER
HARDER	53	x 6	2/3 OF IT	x 7	75% OF IT	+ 975	7/8 OF IT	+ 679	x 2	− 769	ANSWER

41

Level	Start	1	2	3	4	5	6	7	8	9	ANSWER
EASY	32	−5	5/9 OF IT	+9	5/6 OF IT	+11	x 2	−12	70% OF IT	−11	
MEDIUM	64	+1/4 OF IT	+48	11/16 OF IT	x 3	+86	90% OF IT	−67	+1/2 OF IT	+79	
HARDER	56	x 7	+1/4 OF IT	x 4	90% OF IT	+874	+1/2 OF IT	+981	+1/2 OF IT	−772	

42

Level	Start	1	2	3	4	5	6	7	8	9	ANSWER
EASY	16	+14	x 2	+12	÷8	−6	SQUARE IT	+14	x 3	−5	
MEDIUM	71	x 5	+28	x 3	−54	60% OF IT	−43	+1/2 OF IT	+67	75% OF IT	
HARDER	78	+876	x 3	+741	x 2	−158	1/4 OF IT	+736	+1/2 OF IT	+457	

43

Level	Start	1	2	3	4	5	6	7	8	9	ANSWER
EASY	9	SQUARE IT	+ 5	50% OF IT	+ 6	÷ 7	+ 15	x 3	– 12	$^2/_3$ OF IT	
MEDIUM	106	– 55	+ $^1/_3$ OF IT	x 4	+ 78	30% OF IT	x 3	+ 89	+ 99	x 2	
HARDER	24	SQUARE IT	+ 436	+ $^1/_4$ OF IT	x 3	+ 163	+ $^1/_2$ OF IT	+ 995	25% OF IT	– 198	

44

Level	Start	1	2	3	4	5	6	7	8	9	ANSWER
EASY	21	$^2/_3$ OF IT	+ 12	x 2	+ 4	$^1/_7$ OF IT	SQUARE IT	+ 13	$^3/_7$ OF IT	– 8	
MEDIUM	38	x 5	+ 65	80% OF IT	– 22	50% OF IT	+ 93	x 3	– 79	x 2	
HARDER	29	x 8	+ 397	x 4	– 581	$^2/_3$ OF IT	+ 976	+ $^1/_2$ OF IT	– 299	20% OF IT	

Brain Trainer | Cell Blocks | Futoshiki | Kakuro | KenKen | Set Square | Suko

45

EASY	19	x 2	+ 6	x 2	25% OF IT	+ 12	x 3	– 15	2/3 OF IT	+ 18	ANSWER
MEDIUM	87	x 4	1/2 OF IT	+ 77	x 2	+ 58	30% OF IT	+ 66	1/2 OF IT	+ 216	ANSWER
HARDER	52	+ 229	x 4	+ 842	+ 1/2 OF IT	– 876	+ 2/3 OF IT	+ 865	90% OF IT	+ 887	ANSWER

46

EASY	41	x 2	– 7	60% OF IT	– 12	÷ 3	– 9	SQUARE IT	SQUARE IT	x 4	ANSWER
MEDIUM	82	+ 72	+ 2/7 OF IT	+ 97	x 2	+ 48	+ 1/2 OF IT	– 99	1/2 OF IT	– 77	ANSWER
HARDER	103	x 8	+ 1/2 OF IT	+ 766	+ 1/2 OF IT	+ 358	x 2	– 436	50% OF IT	+ 889	ANSWER

47

EASY ▶ 12	x 2	+ 12	25% OF IT	+ 2	x 3	+ 8	x 2	– 10	5/8 OF IT	ANSWER
MEDIUM ▶ 21	SQUARE IT	– 36	40% OF IT	x 3	+ 18	50% OF IT	+ 55	x 3	– 77	ANSWER
HARDER ▶ 144	x 3	+ 996	3/7 OF IT	x 5	90% OF IT	+ 789	x 2	– 884	+ 1/2 OF IT	ANSWER

48

EASY ▶ 46	1/2 OF IT	x 4	– 16	1/2 OF IT	– 12	50% OF IT	+ 11	x 3	+ 7	ANSWER
MEDIUM ▶ 162	+ 56	+ 1/2 OF IT	x 3	+ 25	1/2 OF IT	+ 71	+ 1/2 OF IT	+ 94	20% OF IT	ANSWER
HARDER ▶ 197	x 5	60% OF IT	+ 864	x 2	+ 456	÷ 3	+ 468	70% OF IT	x 3	ANSWER

49

Level	Start										Answer
EASY	8	SQUARE IT	+ 5	÷ 3	– 11	+ 1/3 OF IT	+ 14	50% OF IT	+ 11	x 3	ANSWER
MEDIUM	41	x 3	+ 57	7/9 OF IT	x 2	– 44	50% OF IT	+ 92	+ 1/7 OF IT	+ 88	ANSWER
HARDER	225	x 6	+ 792	+ 1/2 OF IT	x 2	5/6 OF IT	– 652	x 2	– 554	75% OF IT	ANSWER

50

Level	Start										Answer
EASY	27	x 4	+ 8	÷ 2	– 12	+ 1/2 OF IT	– 14	÷ 5	– 8	SQUARE IT	ANSWER
MEDIUM	132	x 3	+ 64	75% OF IT	+ 73	+ 1/2 OF IT	+ 67	50% OF IT	+ 11	x 3	ANSWER
HARDER	278	+ 777	x 4	– 486	÷ 2	+ 813	30% OF IT	+ 3/4 OF IT	x 4	– 959	ANSWER

51

EASY 15	x 2	+ 12	50% OF IT	+ 3	25% OF IT	x 9	5/6 OF IT	– 7	50% OF IT	ANSWER
MEDIUM 72	+ 78	4/5 OF IT	+ 73	x 3	+ 57	5/6 OF IT	+ 1/2 OF IT	+ 79	÷ 2	ANSWER
HARDER 227	x 6	+ 1/2 OF IT	x 3	+ 876	40% OF IT	+ 764	x 2	– 234	1/2 OF IT	ANSWER

52

EASY 56	3/4 OF IT	– 12	7/10 OF IT	– 3	5/9 OF IT	+ 7	x 4	– 6	50% OF IT	ANSWER
MEDIUM 162	+ 2/3 OF IT	x 4	7/8 OF IT	– 63	+ 1/2 OF IT	– 87	25% OF IT	+ 68	x 2	ANSWER
HARDER 21	SQUARE IT	+ 446	x 5	– 569	+ 1/2 OF IT	+ 841	90% OF IT	– 184	÷ 16	ANSWER

Brain Trainer

Cell Blocks

Futoshiki

Kakuro

KenKen

Set Square

Suko

53

EASY 17	+ 15	x 2	– 7	$^{2}/_{3}$ OF IT	+ 12	70% OF IT	+ 6	x 2	– 8	ANSWER
MEDIUM 64	x 6	+ 54	+ $^{1}/_{2}$ OF IT	– 67	70% OF IT	+ 76	+ $^{1}/_{3}$ OF IT	+ 89	÷ 3	ANSWER
HARDER 39	x 9	+ 973	+ $^{1}/_{4}$ OF IT	x 4	+ 884	$^{7}/_{16}$ OF IT	+ 682	20% OF IT	x 7	ANSWER

54

EASY 74	+ 7	÷ 3	– 8	x 3	+ 9	$^{5}/_{6}$ OF IT	x 2	– 18	50% OF IT	ANSWER
MEDIUM 89	x 3	+ 39	$^{5}/_{9}$ OF IT	x 4	$^{7}/_{8}$ OF IT	40% OF IT	+ 72	÷ 2	– 51	ANSWER
HARDER 305	x 2	+ 665	+ $^{2}/_{3}$ OF IT	+ 887	+ $^{1}/_{2}$ OF IT	– 654	$^{5}/_{6}$ OF IT	x 2	– 519	ANSWER

55

Level	Start										Answer
EASY	32	+ 5	x 2	+ 12	÷ 2	− 8	x 3	− 9	3/4 OF IT	− 6	
MEDIUM	99	+ 2/3 OF IT	+ 87	+ 1/2 OF IT	x 2	+ 79	80% OF IT	+ 48	+ 1/4 OF IT	+ 84	
HARDER	247	x 6	+ 337	x 4	+ 1/4 OF IT	− 773	50% OF IT	+ 1/3 OF IT	− 578	70% OF IT	

56

Level	Start										Answer
EASY	21	+ 1/7 OF IT	x 4	+ 12	÷ 4	− 7	60% OF IT	+ 11	x 2	− 9	
MEDIUM	105	x 3	− 58	x 2	+ 46	90% OF IT	− 76	+ 1/4 OF IT	− 99	+ 1/2 OF IT	
HARDER	129	+ 1/3 OF IT	x 7	+ 1/4 OF IT	x 3	+ 689	+ 1/2 OF IT	− 766	11/16 OF IT	90% OF IT	

57

EASY	34	+ 17	x 2	– 18	$\frac{3}{4}$ OF IT	– 6	$\frac{2}{3}$ OF IT	+ 17	20% OF IT	x 2	ANSWER	
MEDIUM	138	x 3	+ 48	$\frac{5}{6}$ OF IT	+ 99	+ $\frac{1}{2}$ OF IT	– 78	+ $\frac{1}{2}$ OF IT	– 88	÷ 4	ANSWER	
HARDER	99	x 8	+ $\frac{1}{4}$ OF IT	x 3	90% OF IT	– 894	x 3	+ 99	$\frac{8}{9}$ OF IT	– 769	ANSWER	

58

EASY	29	+ 15	x 2	+ 8	÷ 12	SQUARE IT	+ 11	÷ 3	– 14	x 4	ANSWER	
MEDIUM	132	x 3	+ 87	x 2	– 94	$\frac{3}{8}$ OF IT	x 2	– 86	50% OF IT	– 76	ANSWER	
HARDER	228	x 4	+ 478	x 4	– 774	+ $\frac{1}{2}$ OF IT	– 779	70% OF IT	– 328	$\frac{3}{4}$ OF IT	ANSWER	

59

Level	Start										Answer
EASY	21	x 4	+ 8	÷ 2	+ 6	75% OF IT	− 13	x 4	+ 16	÷ 8	
MEDIUM	135	+ 81	+ 1/2 OF IT	− 71	x 3	+ 49	+ 1/4 OF IT	− 38	1/2 OF IT	+ 17	
HARDER	232	x 7	− 462	+ 1/2 OF IT	+ 777	90% OF IT	− 89	+ 685	+ 1/2 OF IT	+889	

60

Level	Start										Answer
EASY	25	+ 6	x 3	− 7	1/2 OF IT	+ 8	2/3 OF IT	+ 12	50% OF IT	x 4	
MEDIUM	94	+ 1/2 OF IT	x 3	+ 94	x 2	− 88	50% OF IT	+ 53	x 2	− 97	
HARDER	165	x 5	+ 337	+ 1/2 OF IT	x 3	− 793	+ 1/4 OF IT	− 987	50% OF IT	+779	

61

Level	Start										Answer
EASY	22	+ 11	x 3	$\frac{7}{9}$ OF IT	+ 5	÷ 2	− 6	$\frac{2}{7}$ OF IT	+ 8	x 4	
MEDIUM	91	x 2	+ 87	x 3	− 67	70% OF IT	+ 32	40% OF IT	+66	+ $\frac{1}{2}$ OF IT	
HARDER	289	+ 695	$\frac{11}{12}$ OF IT	+ 358	90% OF IT	+888	x 2	+ $\frac{1}{6}$ OF IT	− 764	+ $\frac{1}{2}$ OF IT	

62

Level	Start										Answer
EASY	16	+ 5	x 2	+ 11	x 2	− 14	$\frac{1}{4}$ OF IT	+ 8	x 3	− 16	
MEDIUM	94	x 4	+ 76	+ $\frac{1}{4}$ OF IT	− 76	x 2	$\frac{1}{2}$ OF IT	+89	50% OF IT	+ 99	
HARDER	108	x 3	+ 974	+ $\frac{1}{2}$ OF IT	x 4	+876	$\frac{5}{8}$ OF IT	+863	+ $\frac{1}{2}$ OF IT	− 198	

63

Level	Start										Answer
EASY	17	+ 4	x 3	– 12	$\frac{2}{3}$ OF IT	+ 6	+ $\frac{2}{5}$ OF IT	– 14	÷ 7	SQUARE IT	ANSWER
MEDIUM	13	SQUARE IT	+ 68	x 2	– 75	$\frac{2}{3}$ OF IT	+68	+ $\frac{1}{2}$ OF IT	+ 65	+ $\frac{1}{2}$ OF IT	ANSWER
HARDER	84	x 6	+ 986	70% OF IT	x 3	– 447	$\frac{5}{6}$ OF IT	+779	+ $\frac{1}{2}$ OF IT	+593	ANSWER

64

Level	Start										Answer
EASY	31	x 2	– 8	50% OF IT	+ 6	x 3	– 6	$\frac{1}{3}$ OF IT	+ 11	÷ 6	ANSWER
MEDIUM	20	x 7	80% OF IT	x 3	+78	+$\frac{1}{2}$ OF IT	– 56	20% OF IT	+ 42	÷ 5	ANSWER
HARDER	98	x 4	+ 688	90% OF IT	x 2	+958	+$\frac{1}{2}$ OF IT	+366	$\frac{2}{3}$ OF IT	– 875	ANSWER

65

EASY ▶ 46	+14	70% OF IT	+ 9	2/3 OF IT	x 3	− 9	÷ 3	+ 8	÷ 13	▶ ANSWER
MEDIUM ▶ 72	x 7	+82	+1/2 OF IT	− 74	+1/5 OF IT	+ 38	3/4 OF IT	− 66	+1/3 OF IT	▶ ANSWER
HARDER ▶ 166	+ 975	x 3	− 654	+1/3 OF IT	− 776	5/6 OF IT	− 496	+1/2 OF IT	+ 827	▶ ANSWER

66

EASY ▶ 11	+ 13	x 2	− 12	50% OF IT	− 11	SQUARE IT	x 2	− 17	2/3 OF IT	▶ ANSWER
MEDIUM ▶ 32	x 6	− 45	+1/3 OF IT	+ 99	4/5 OF IT	+ 88	+1/2 OF IT	− 87	+1/3 OF IT	▶ ANSWER
HARDER ▶ 122	x 5	+ 876	x 3	+ 999	+1/3 OF IT	+ 872	75% OF IT	− 489	50% OF IT	▶ ANSWER

67

EASY 26	x 2	– 17	60% OF IT	+ 16	x 2	– 13	x 2	– 17	60% OF IT	ANSWER
MEDIUM 112	+ 24	+1/4 OF IT	x 3	+ 75	80% OF IT	– 112	75% OF IT	– 75	1/2 OF IT	ANSWER
HARDER 272	+ 876	x 3	+ 418	+1/2 OF IT	– 885	7/12 OF IT	+ 775	+1/2 OF IT	– 859	ANSWER

68

EASY 28	÷ 7	SQUARE IT	x 2	+ 5	x 3	– 12	2/3 OF IT	– 9	2/3 OF IT	ANSWER
MEDIUM 67	x 4	+ 75	x 2	+1/2 OF IT	– 99	30% OF IT	+ 49	x 3	– 67	ANSWER
HARDER 115	x 7	+ 379	x 4	– 993	x 2	– 876	70% OF IT	– 975	+1/4 OF IT	ANSWER

69

EASY	22	x 4	+ 6	50% OF IT	+ 8	4/5 OF IT	+ 15	x 2	– 10	7/9 OF IT	ANSWER
MEDIUM	6	+1/2 OF IT	x 4	+ 72	75% OF IT	+ 74	80% OF IT	– 68	3/4 OF IT	x 5	ANSWER
HARDER	287	+ 665	+1/2 OF IT	x 3	+ 339	+1/3 OF IT	– 852	+1/4 OF IT	90% OF IT	7/8 OF IT	ANSWER

70

EASY	13	+ 15	x 2	+ 14	70% OF IT	+ 9	x 2	75% OF IT	– 13	50% OF IT	ANSWER
MEDIUM	82	x 4	+ 18	1/2 OF IT	+ 89	+1/2 OF IT	+ 59	+1/4 OF IT	+ 49	+1/2 OF IT	ANSWER
HARDER	128	x 7	– 98	x 4	+ 888	30% OF IT	+ 766	x 4	– 448	11/12 OF IT	ANSWER

71

Level	Start	1	2	3	4	5	6	7	8	9		Answer
EASY	18	+ 6	TREBLE IT	÷ 8	x 4	+ $\frac{1}{3}$ OF IT	+ 16	÷ 4	– 8	÷ 2	ANSWER	
MEDIUM	42	– 24	– $\frac{4}{6}$ OF IT	CUBE IT	+ 26	DOUBLE IT	– 20	+ $\frac{7}{8}$ OF IT	÷ 15	x 9	ANSWER	
HARDER	224	– 119	DOUBLE IT	+ $\frac{7}{10}$ OF IT	– 153	÷ 17	SQUARE IT	x 6	+ $\frac{9}{16}$ OF IT	DOUBLE IT	ANSWER	

72

Level	Start	1	2	3	4	5	6	7	8	9		Answer
EASY	150	÷ 10	– 7	x 6	DOUBLE IT	+ $\frac{1}{3}$ OF IT	÷ 8	DOUBLE IT	x 5	+ 16	ANSWER	
MEDIUM	76	– 4	+ $\frac{7}{8}$ OF IT	TRIPLE IT	+ 25	TRIPLE IT	– 230	x 2	÷ 5	+ 106	ANSWER	
HARDER	18	SQUARE IT	+ $\frac{5}{12}$ OF IT	DOUBLE IT	– 618	+ $\frac{7}{20}$ OF IT	÷ 15	x 8	– $\frac{3}{4}$ OF IT	TREBLE IT	ANSWER	

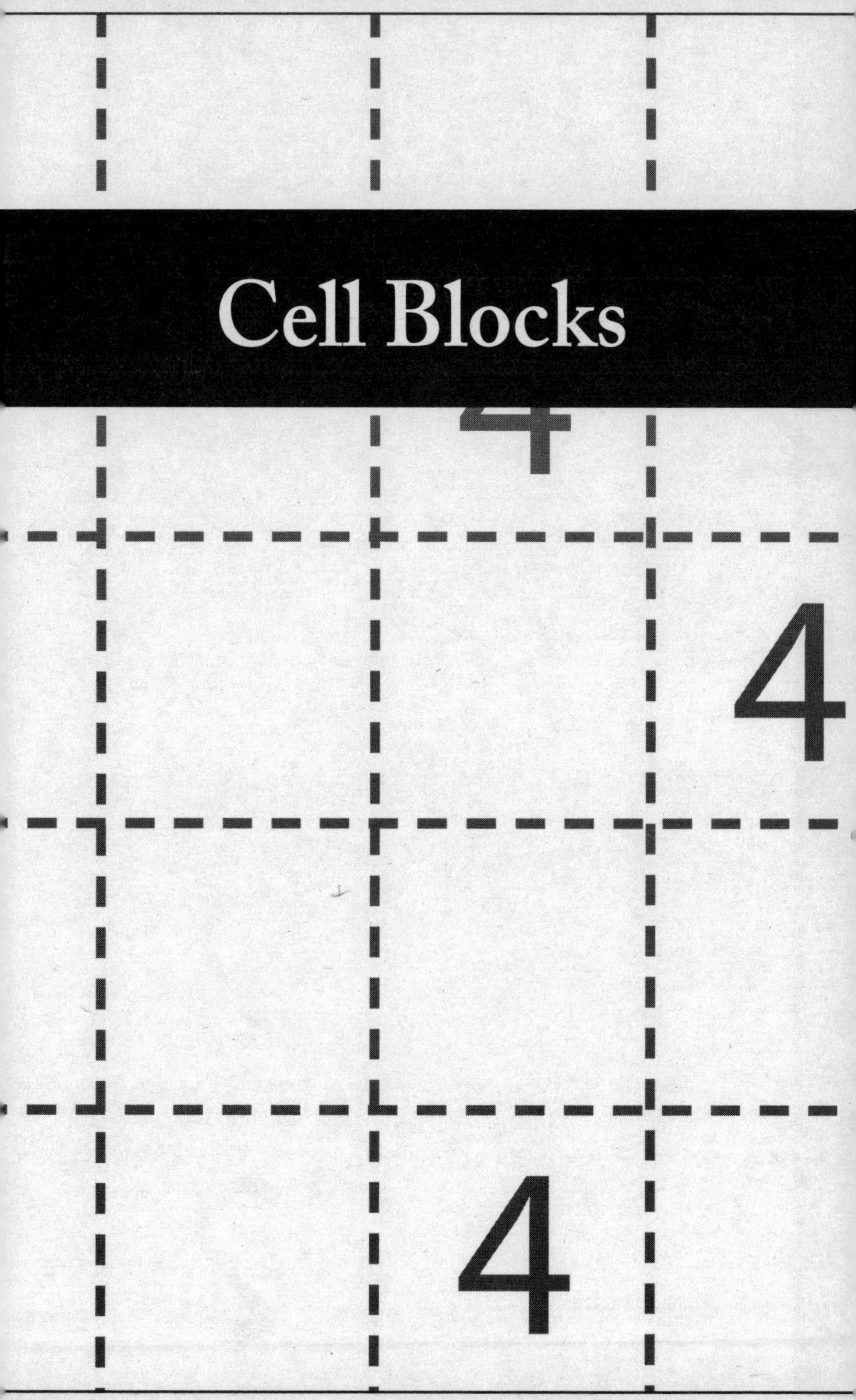

Cell Blocks

How to Play

Divide the grid into blocks. Each block must be square or rectangular and must contain the number of cells indicated by the number inside it.

The Japanese puzzle company Nikoli claim this puzzle as their invention. A collection of these puzzles was first published by Nikoli in book form in 2005 under the name Shikaku.

Also known as: Divide by Box, Divide by Squares, Shikaku, Shikaku ni kire

3				6		
		3				3
	4			4		
			5		2	
		6				6
4						
						3

3				6		
		3				3
	4			4		
			5		2	
		6				6
4						
						3

1

		4		2		
	6			6		
						3
					7	
		6				
3						
	4			8		

2

		8			4	
6		4				
				6		
	2	4			6	
						5
		4				

3

	5				6	
4				3		
			3			
2		3				
					6	
6		4		4		
						3

4

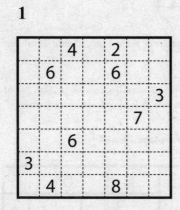

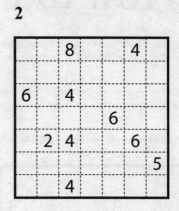

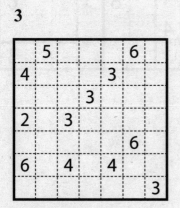

		3		4		
	2				3	
			4			4
		4			6	
5						
	3					3
		4			4	

5

3				2		4
	6					
			9			5
5					3	
			6		4	
2						

6

		6		3		
					4	
4		3				5
					4	
4			5			
			4			
	7					

7

		4		3		
	2				4	
			6			
	5					5
			4			6
5				5		

8

						5
4				6		
	3				4	
			6			
					6	
6		4				
				5		

9

		4	4			
						6
	2		6			
	2			6		
6					4	
		2				
	3			4		

10

			5			
6					3	
				6		
	3					5
		4		4		
	3					
		4			6	

11

	2		5			
		2				
5					4	
	4			4	6	
		6				
			4			
						7

12

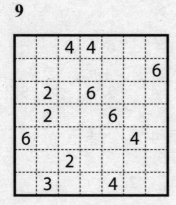

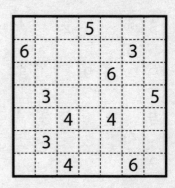

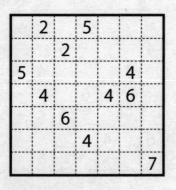

		3			8	
	2					
			6	2		
6						
		6		3		
						5
	4				4	

13

	3					
			6			
6						5
			5		4	
6						
	4					4
			6			

14

4					4	
			3			
	2	3				6
6			6			
					5	
	4			6		

15

	8			5		
						4
						2
	4		4		3	
	4					3
		6			6	

16

			5		3	
	4					
	4					6
5						
	6			4		4
2					6	

17

	6					
				5		
3						6
	6				2	
	4			2		
4			5			6

18

			4			
	4	3			6	
6						5
			4	4		
					2	
	8					3

19

						5
	4			3		
3	6					
					6	
			6			3
		5			2	
			6			

20

	4			3		
					6	
				5		
					6	
6		4				
6						
			6		3	

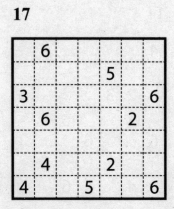

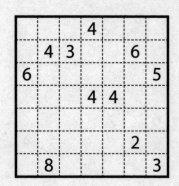

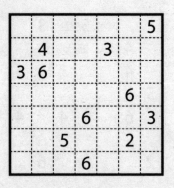

21

		6				
2					4	
	6					4
		2				
		2			4	
5						4
	4			6		

22

	4				5	
				6		
		4				
	3			6		
5						4
				2	3	
	4		3			

23

		3		4		2
					3	
		3		4		6
	5		4	4		
5						
					6	

24

	6				3	
			3			
	6			4	4	
					4	
		5				
	4				6	
			4			

25

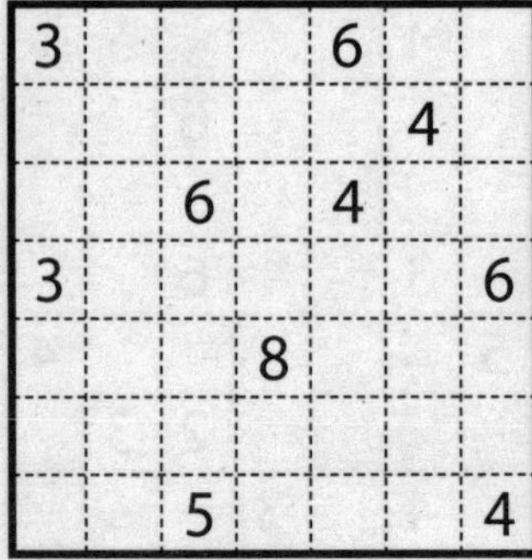

26

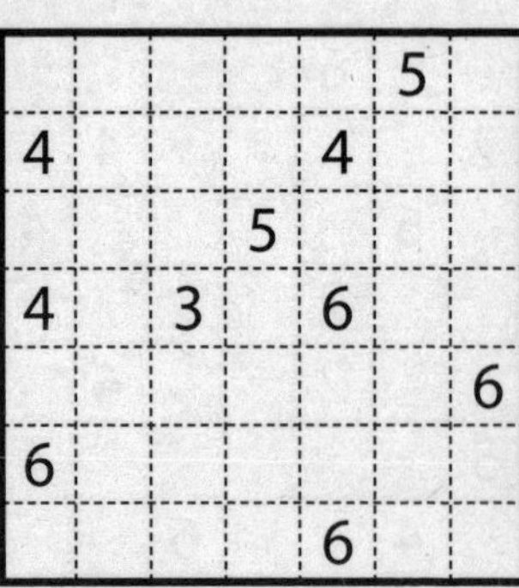

27

28

29

6				3		
		4		2		6
				3		
				2		
8					5	
				4		
	4	2				

30

				5		
3		6				2
					6	
4						
						4
	6		4		2	
2				5		

31

		3			3	
3			4			4
	6					
				5		
						8
4						
		6	3			

32

	4		4			
						3
		4			6	
6		4			2	
2			5			4
	5					

33

		6				3
					4	
4						
	6				6	
			5			
		3				
	4			6		2

34

		6				
3					4	
	4		4		3	
		3		6		3
4						
		2				
	5				2	

35

		6			3	
			4			
5					4	
	2			2		
		3				5
5					3	
	2		5			

36

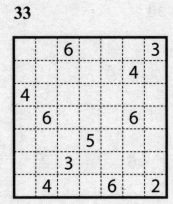

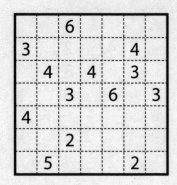

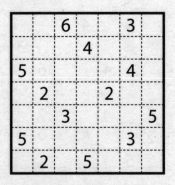

		3				6
	4		2	2		
5						
			3			3
	6			4		
		3				2
					6	

37

					5	
6			3			
		2				
4						6
			5			2
4						4
		3		5		

38

	2				5	
6						4
			8			
3						4
						3
	4				2	
3				5		

39

				6		
		4				2
	6				5	
			6			
3				4		
	2			2		
		5				4

40

5					4	
	6			2		
5						
			2			
				6		3
			6		6	
4						

41

				6		4
		6				
					9	
6						
		2	2			
			3			4
	7					

42

		4		3		
	3				2	
6				4		5
			6			
	2					
		3	3			
	4				4	

43

4					4	
			2	4		
						5
6					3	
			3			
		5	2			4
	4			3		

44

	6					
		4				3
6					2	
		4				4
				4		
	4					5
			4		3	

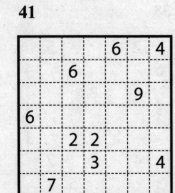

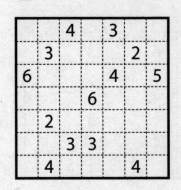

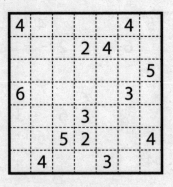

45

4				6		5
			2			
		8				
					4	
	6		4			3
				5	2	

46

		6		3		
			3			6
		3			5	
4				3		
	4		6			
	3		3			

47

	6			4		
						2
	2		4			
		8			3	
5						5
	6			4		

48

			4		4	
5						5
	4				3	
			6			
		2	2			
	3			3		
4					4	

49

	2				3	
		4		2		
6			2			
		6				
4						6
		3			5	
6						

50

51

	4					4
4						
					3	
	6		6			5
		5				
3			3			
				6		

52

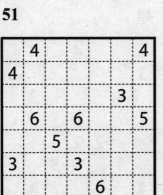

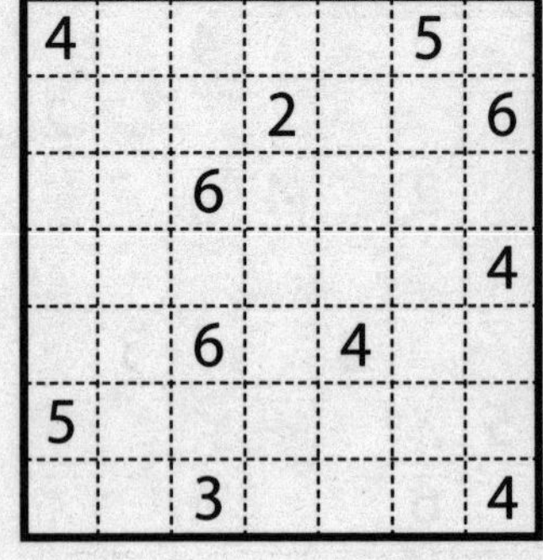

53

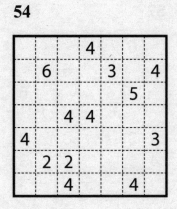

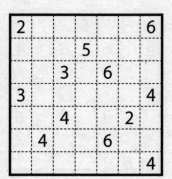

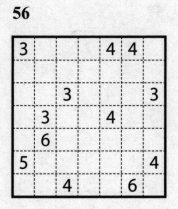

		5			6	
6						
						2
			7			
4						6
				5		
	6				2	

54

			4			
	6			3		4
					5	
		4	4			
4						3
	2	2				
		4			4	

55

2						6
			5			
		3		6		
3						4
		4			2	
	4			6		
						4

56

3				4	4	
		3				3
	3			4		
	6					
5						4
		4			6	

57

	6					
				6		
		4				6
					2	
	3			8	2	
4						3
			5			

58

6						4
			2		2	
3						
	4	4				6
				5		
		4				4
			5			

59

	4		2			3
					4	
		4		6		
5						
			6			
					4	
			5			6

60

			5			
4		6		3		4
6						
		3				6
			4			2
	6					

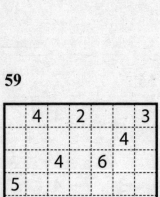

61

					2	
	4	5				6
				6		
5	3					
			5			
						4
		6			3	

62

3					6	
			5			
	2					6
		4				
4						5
	6			6		
2						

63

			3			
			6			
	6					3
				5		4
6					3	
		4			6	
	3					

64

		3			3	
4			4			6
				5		
6		3				
			4			
					4	
		3	4			

65

		4			6	
6						
	2		4	2		
					6	
	4					
		6			4	
						5

66

						3
4	4					
	6		5			6
				2		
3						
					6	
		8			2	

67

	3				2	
				4		
		4	1			
	6			2		6
5					3	
			6			
2					5	

68

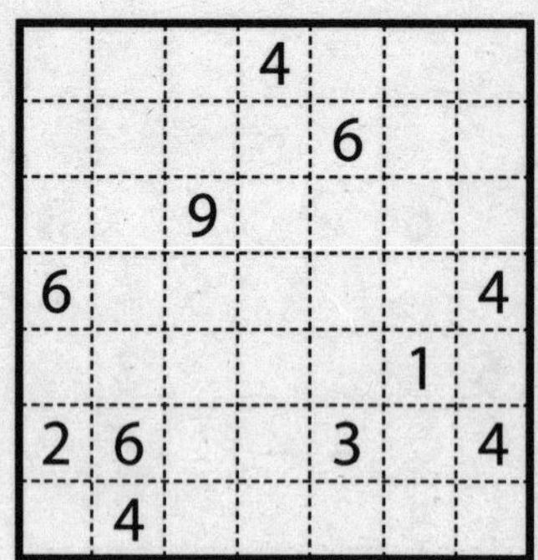

			4			
				6		
		9				
6						4
					1	
2	6			3		4
	4					

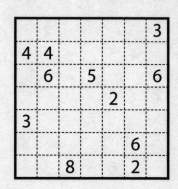

69

					3	
	6	4		6		
						5
2						
			7			
6					4	
	3			3		

70

	2					5
		4	4		6	
	2			3		
					5	
6		6				4
				2		

71

4				3		
		4	4			
3						6
		4				
4					4	
4			2			2
				5		

72

		5				
6			2		6	
						2
	2					
6			5			4
		5				
					6	

73

4				5		
						2
4		6			8	
4						
						4
	6		6			

74

			3			
6					5	
	4	1		4		
			2			6
	4		3			
					4	
		3		4		

75

			6			
	4				4	
4				2		
	3					6
				3		
6			4			4
				3		

76

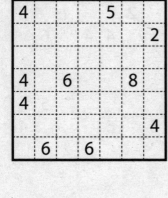

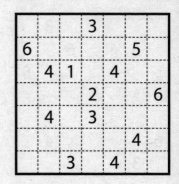

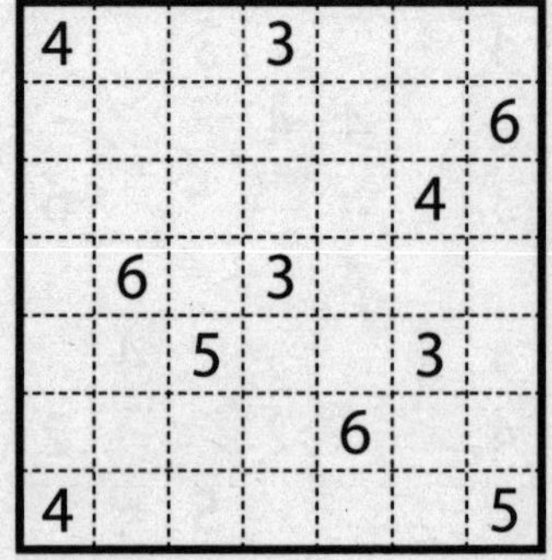

4			3			
						6
					4	
	6		3			
		5			3	
				6		
4						5

77

					5	
	4		4			
2		3	4			
	3					6
		3				
4				5		
					6	

78

					6	
3		6				
			6			5
6					4	
	4			3		
			4			2

79

				5		
6						3
		6				
				3		4
	4		2			4
5						
	2				5	

80

	5					
3						6
		4	4	6		
	6					
				2		
	4			4		
			3		2	

81

	4			2		
3						4
				4		
			5			6
	6					
4				3		
	4				4	

82

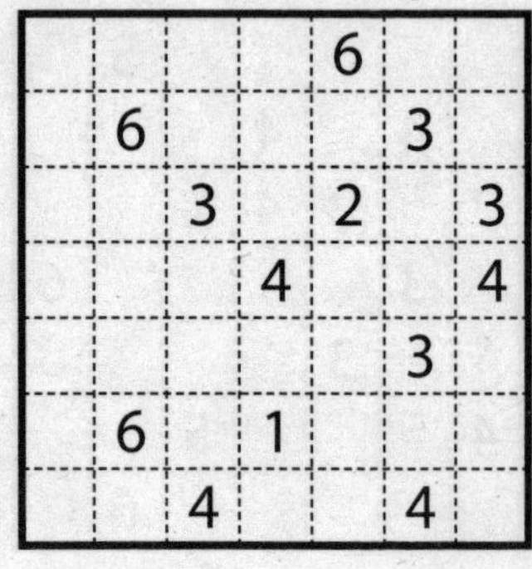

				6		
	6				3	
		3		2		3
			4			4
					3	
	6		1			
		4			4	

83

			2		3	
6			3			
			6			4
2						
	3		4			4
		3			3	
			6			

84

4					5	
		3		6		
						4
	3					
			3			4
5		6			3	
				3		

85

	6				2	
	6			6		
			4			
4						8
	5					
		6				2

86

	3		6			4
		2				
6			4			
					4	
3			4			
	2	3				3
			5			

87

	3					
5				4		6
		4				
		4	6			
					2	
		5				
6						4

88

		6		4		
			2			3
	4	1		4		
					4	
6		4				
		4				6
				1		

89

90

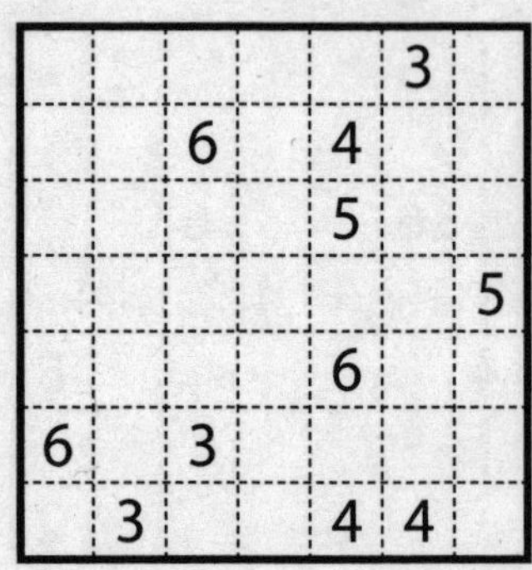

91

	6			4		
						5
			4		3	
	4		2			
6					6	
		2				
		3				4

92

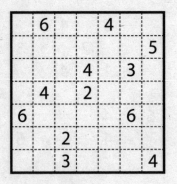

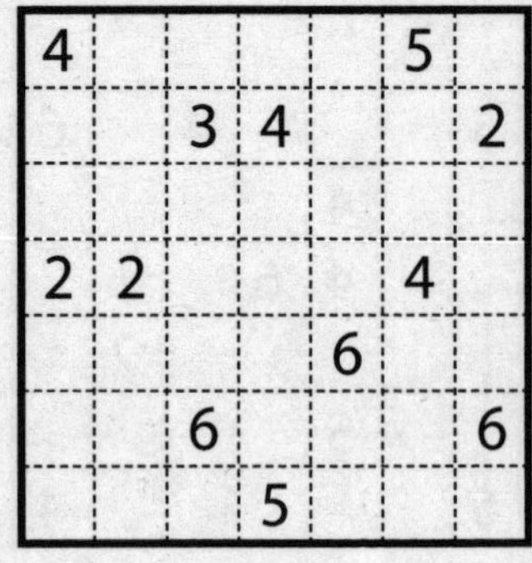

93

		5				
	4					2
3			3			
			6	3	4	
						5
	4				4	
		6				

94

		3			2	
4				8		
						6
	4				3	
5						
		9				
					5	

95

			4		3	
		3				4
	5			4		
3						6
				6		
						4
3			4			

96

	2				2	
		6		4		
5			2			3
					4	
	5					2
2			3			
		5				4

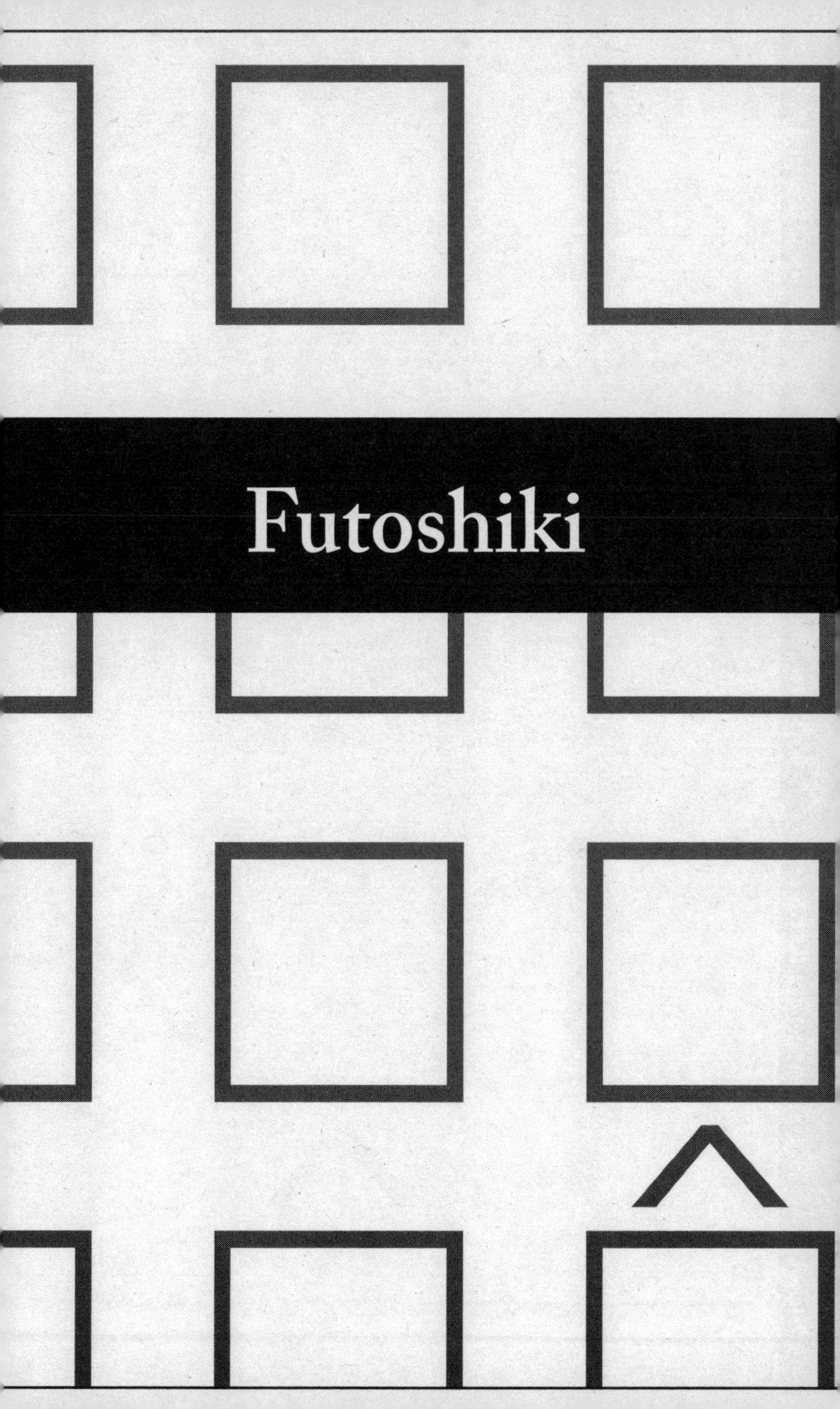

Futoshiki

How to Play

- Fill the blank squares so that each row and column contains all the numbers 1, 2, 3, 4 and 5.
- Use the given numbers and the symbols that tell you if a number in the square is larger (>) or smaller (<) than the number next to it.

Futoshiki is a Japanese puzzle whose literal translation would be "not equal".

Also known as: Hutosiki

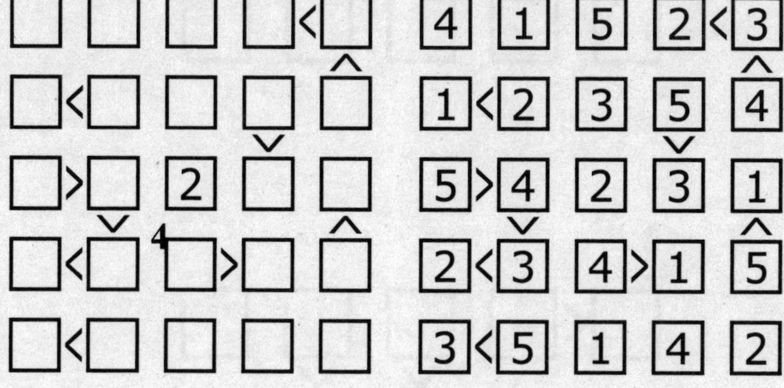

1

2

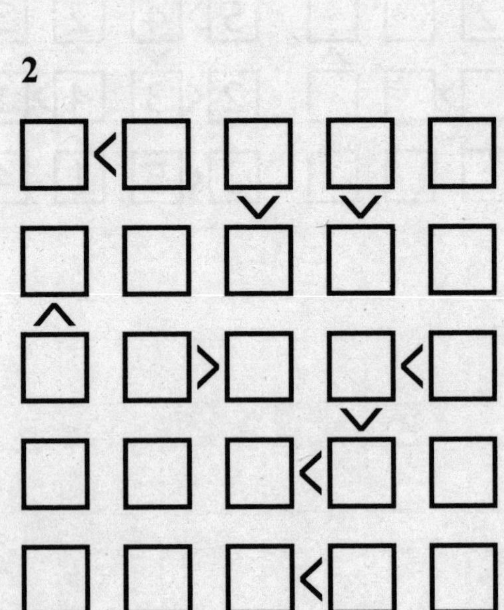

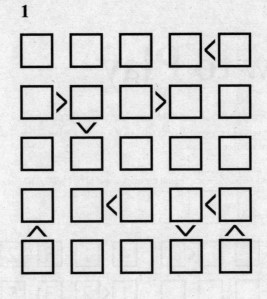

3

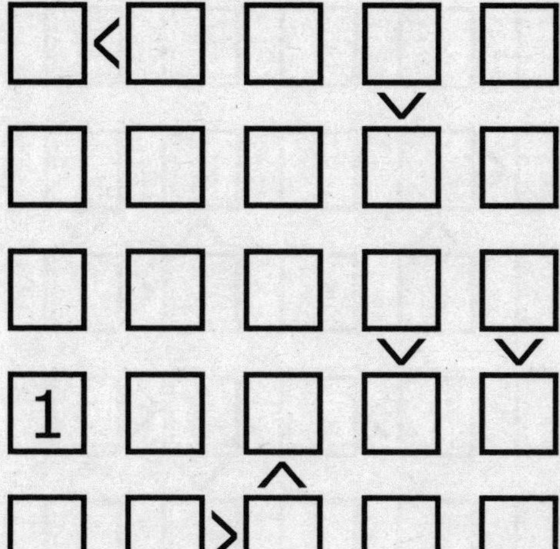

4

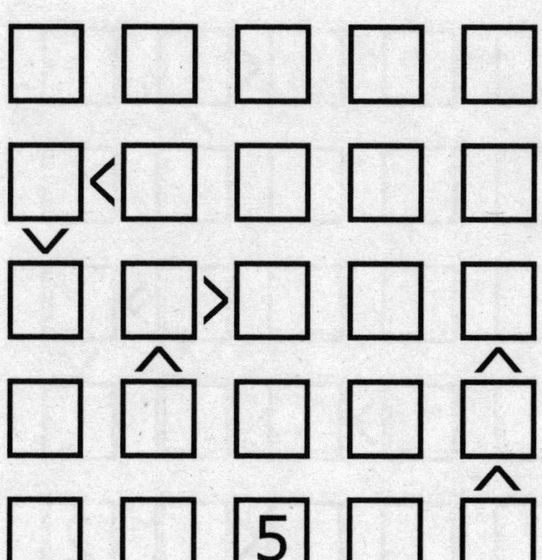

5

□		□		□		□		□
□	<	□		□		□		□
		^				^		v
□		□		□		□	<	□
□		□	>	□		□	<	□
						v		
□		□		□		□		□

6

□		□		□	<	□		□
						^		
□		□		□		□		□
□		□		□		□	>	□
								v
□		□	>	□		□		□
□		□		□	<	□		2

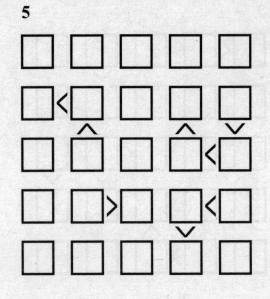

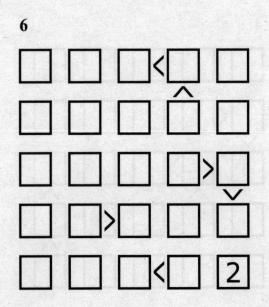

7

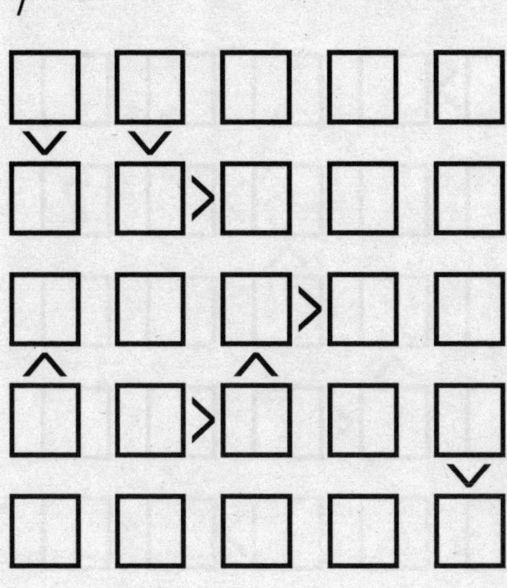

8

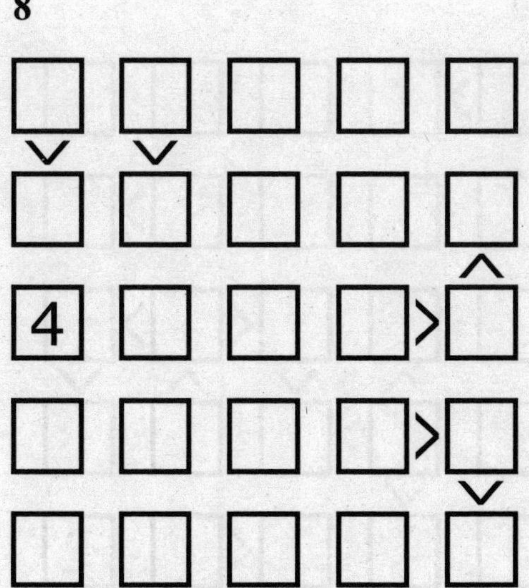

9

```
[ ] > [ ]   [ ]   [ ]   [ ]

[ ]   [ ]   [ ] > [ ]   [2]
             ^
[ ]   [ ]   [ ]   [ ]   [ ]
       ^
[ ]   [ ] < [ ]   [ ]   [ ]

[ ]   [ ]   [ ] > [ ]   [ ]
```

10

```
[ ] > [ ]   [ ]   [ ]   [ ]

[ ]   [ ]   [ ]   [ ] > [ ]

[ ]   [ ]   [ ] < [ ] > [ ]
       ^     v     ^     v
[ ]   [ ]   [ ]   [ ]   [ ]
       v
[ ]   [ ]   [ ]   [ ]   [ ]
```

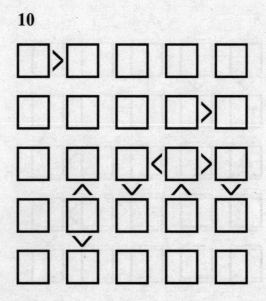

11

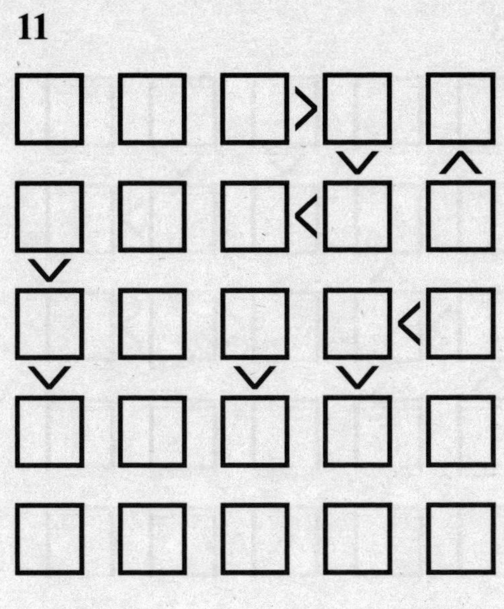

12

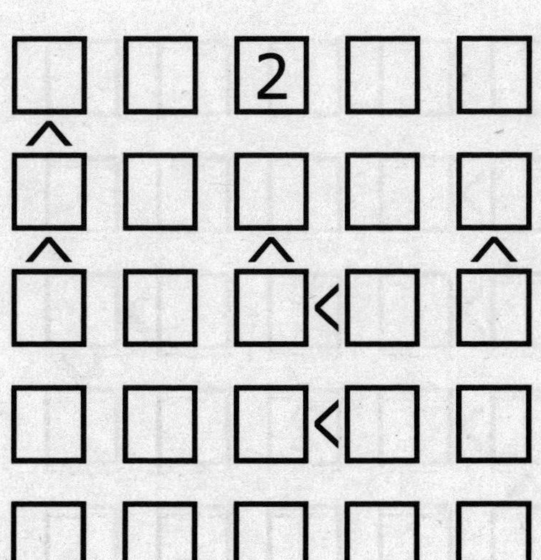

13

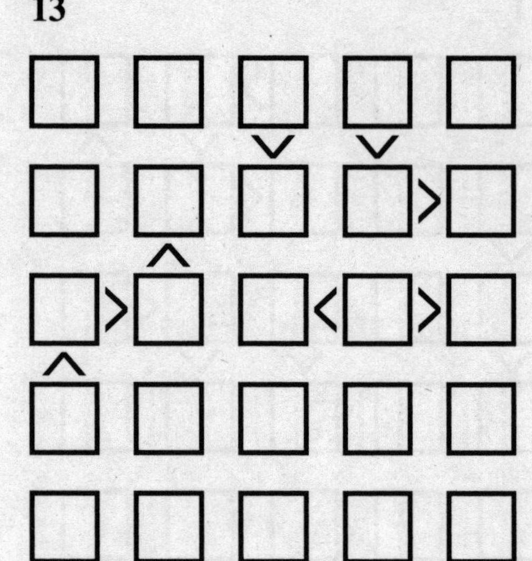

14

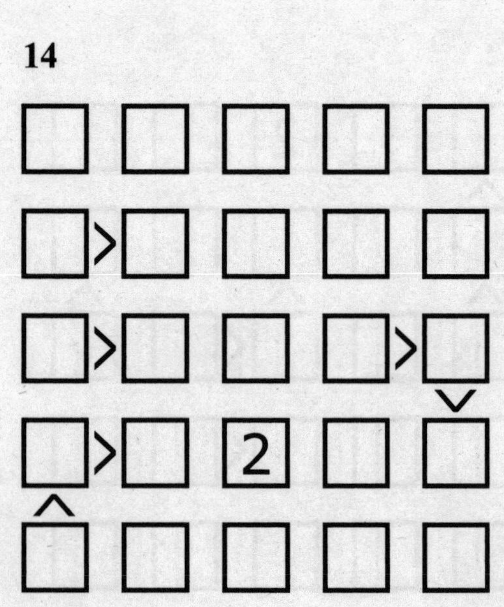

15

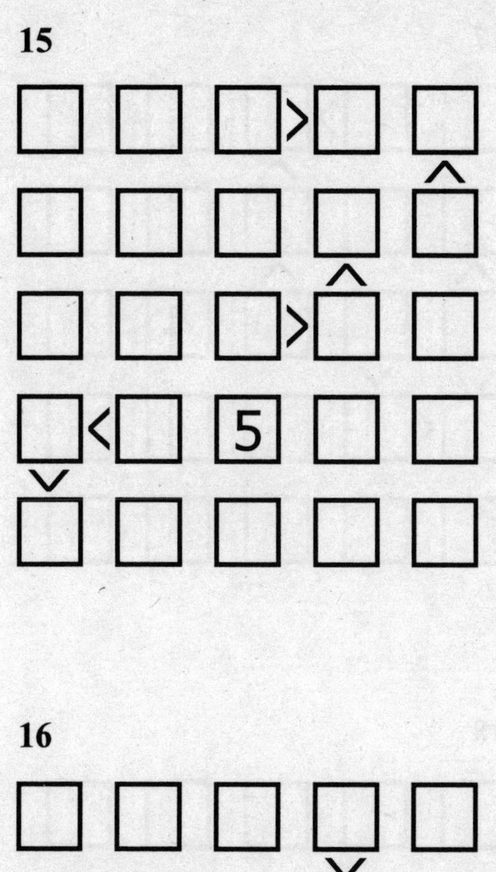

16

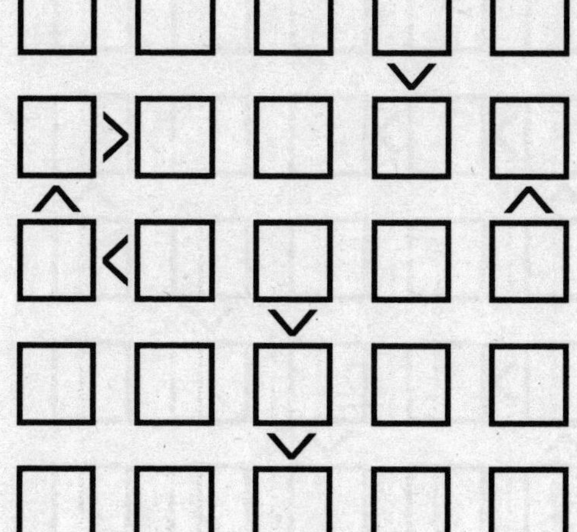

Brain Trainer
Cell Blocks
Futoshiki
Kakuro
KenKen
Set Square
Suko

17

4

18

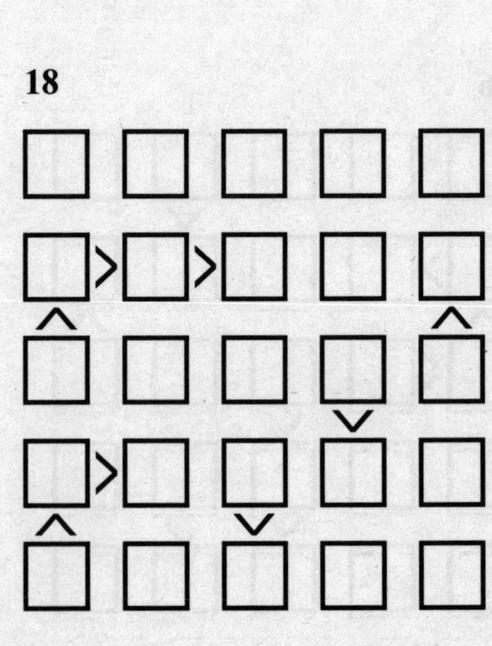

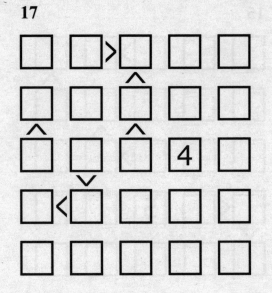

19

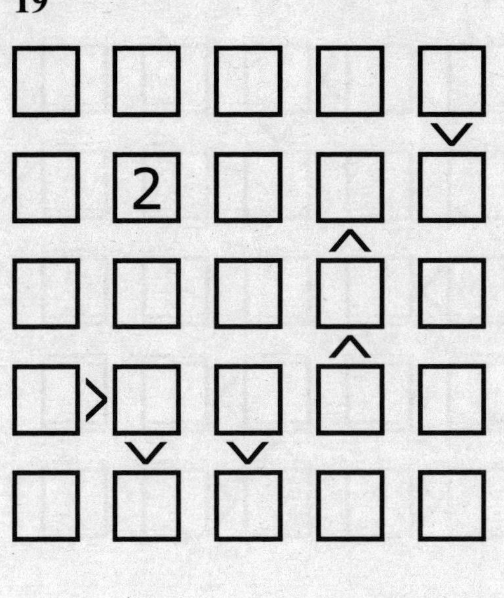

20

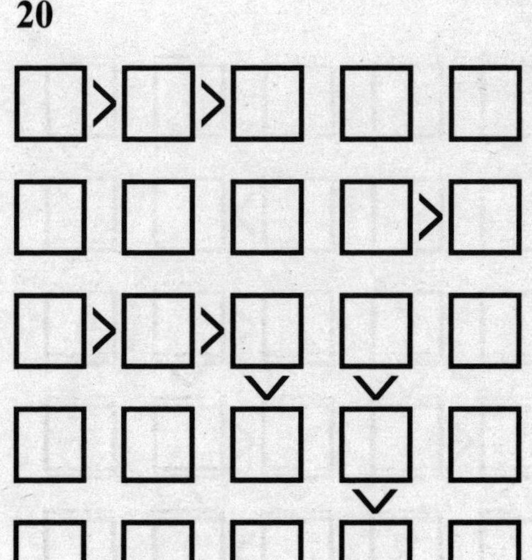

21

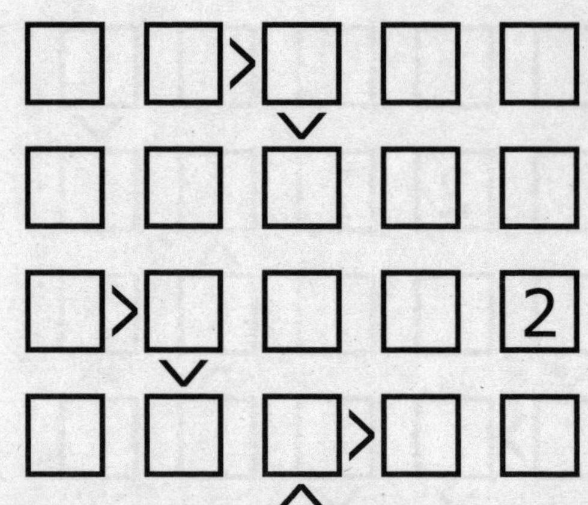

22

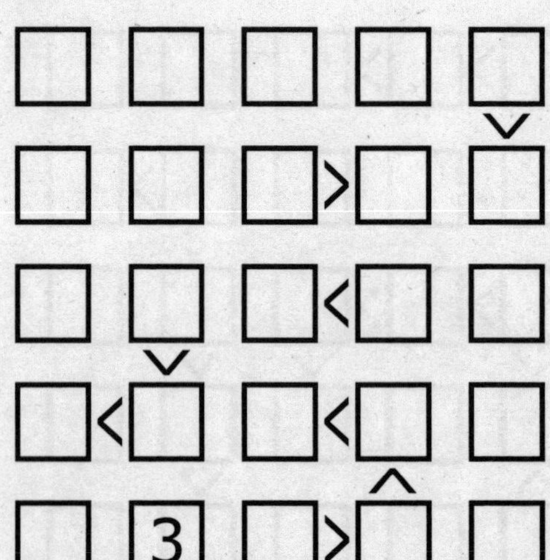

23

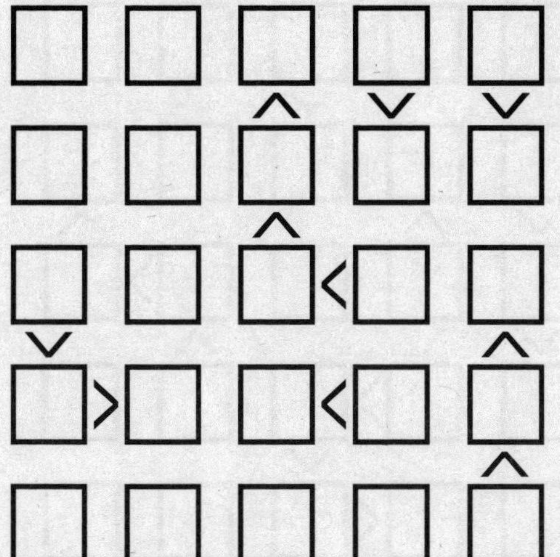

24

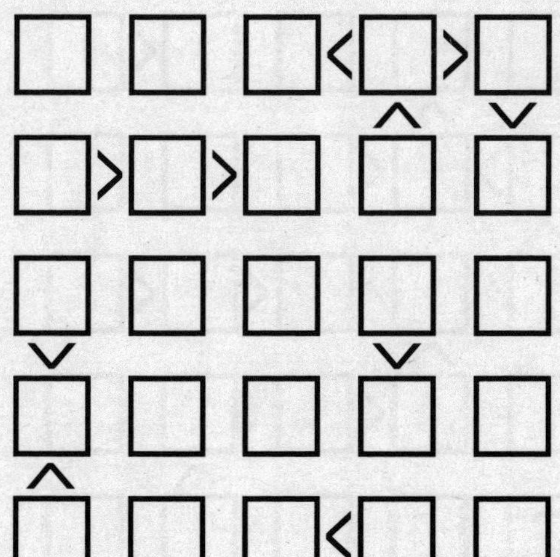

Brain Trainer
Cell Blocks
Futoshiki
Kakuro
KenKen
Set Square
Suko

25

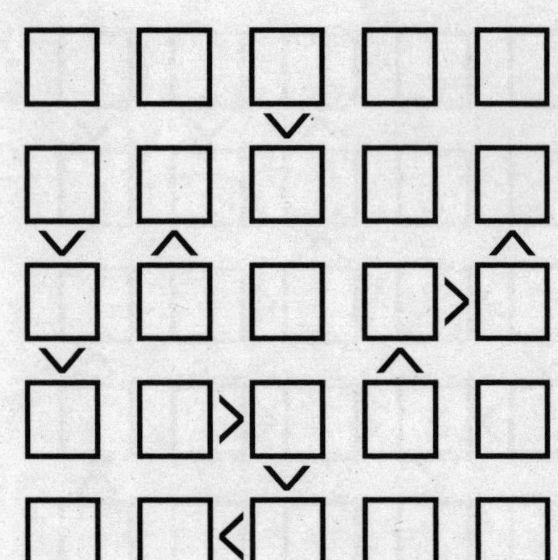

26

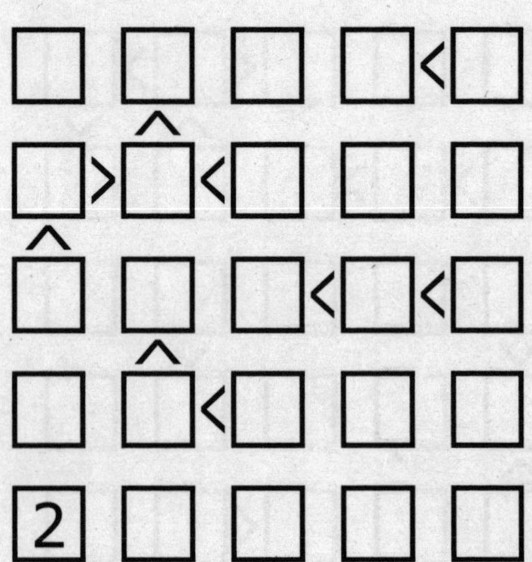

27

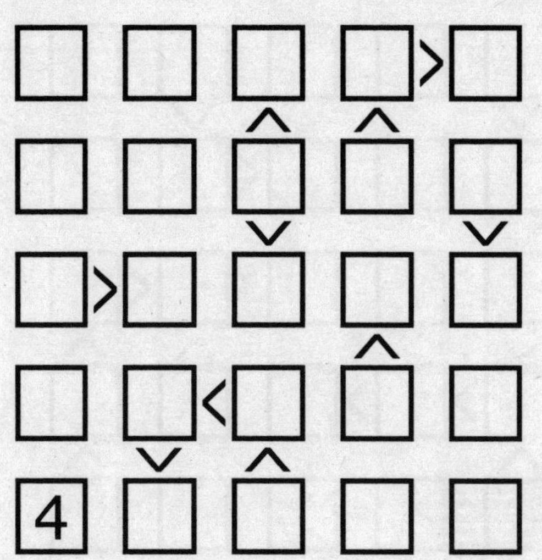

28

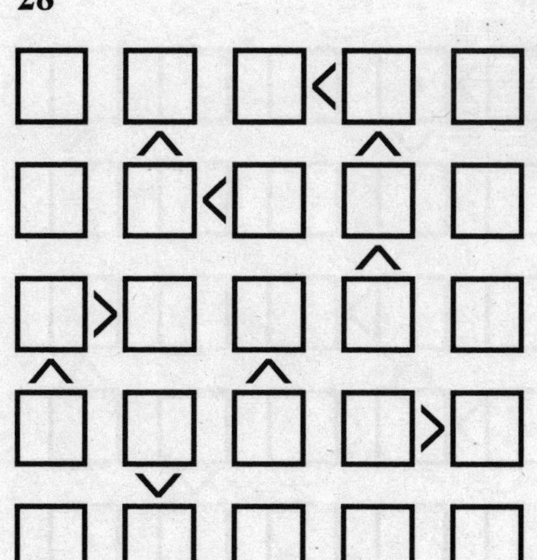

29

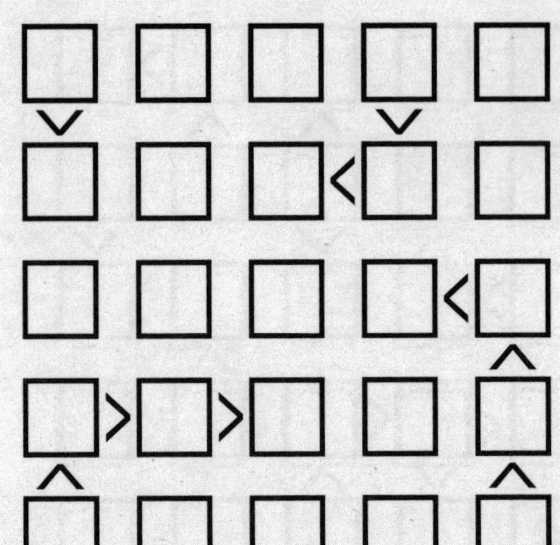

30

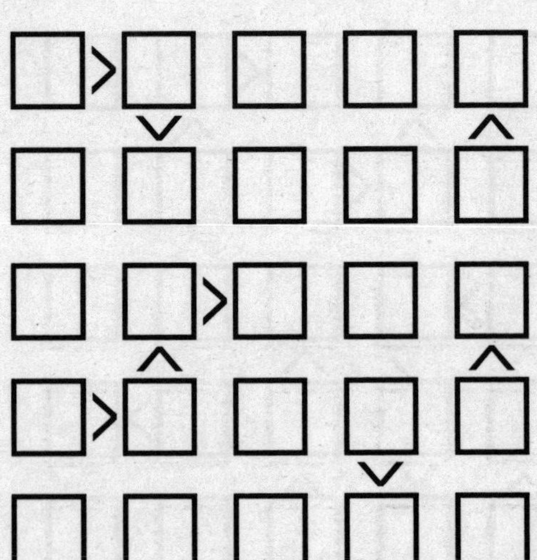

31

□	<	□		□	>	□		□
				∨				
□		□		□	>	□		□
		∧		∧				
□		□		□		□		□
□	<	□		□		□	<	□
□	<	□		□		4		□

32

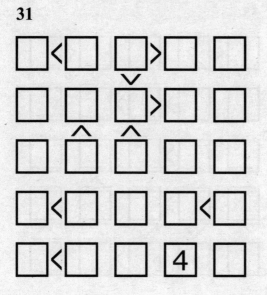

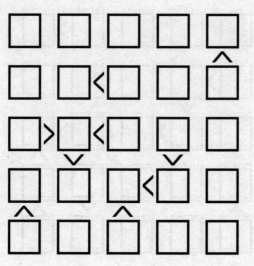

33

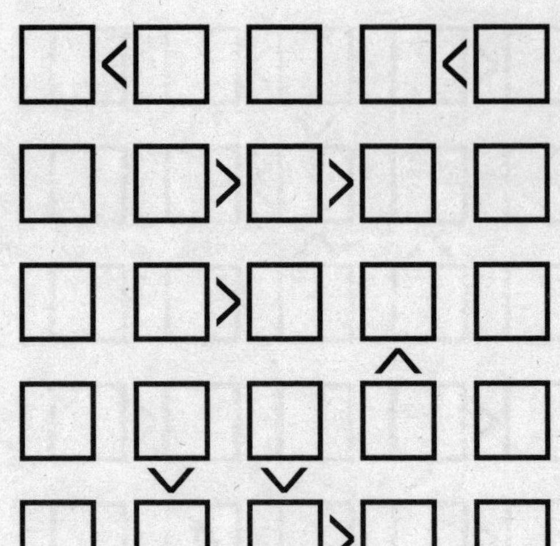

34

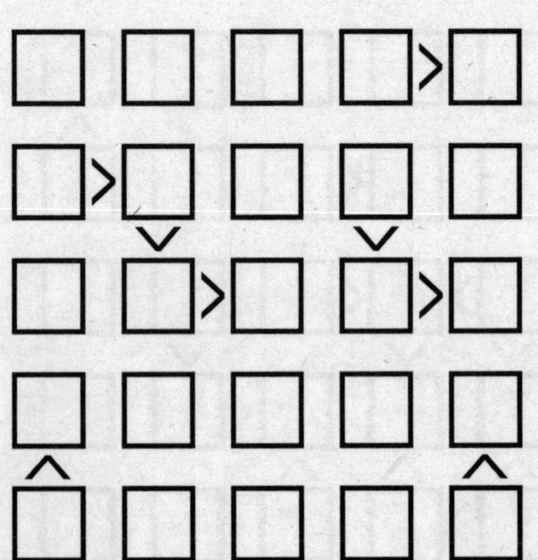

35

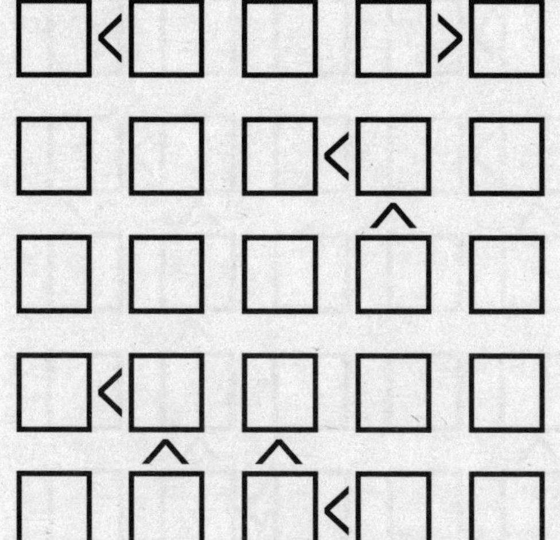

36

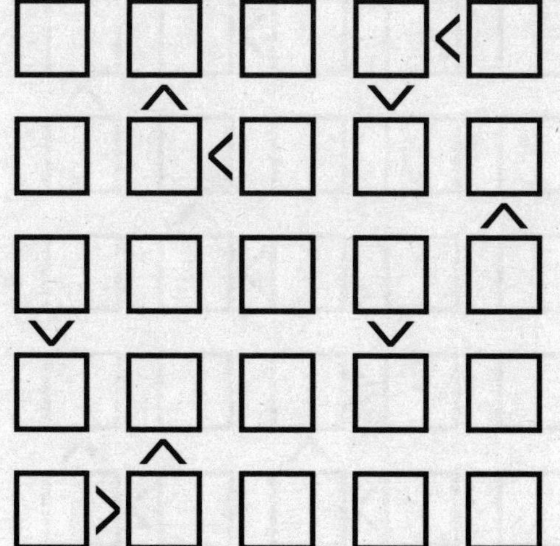

37

38

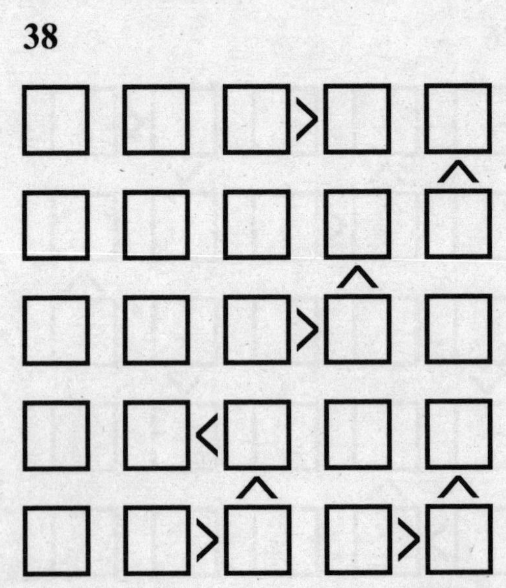

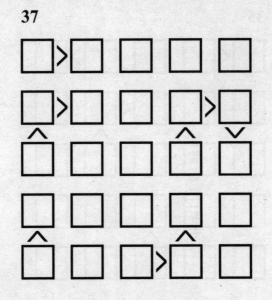

39

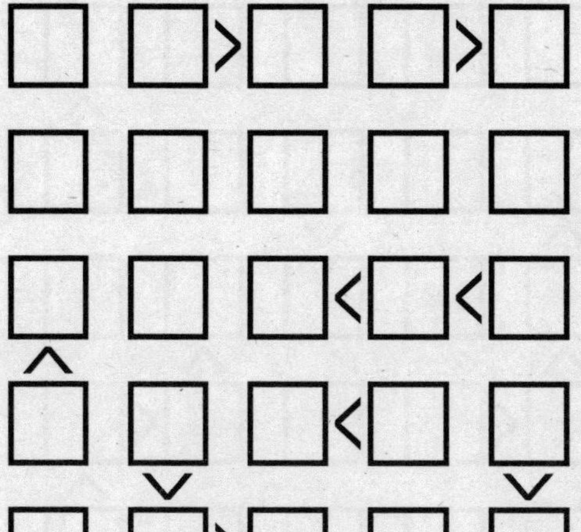

40

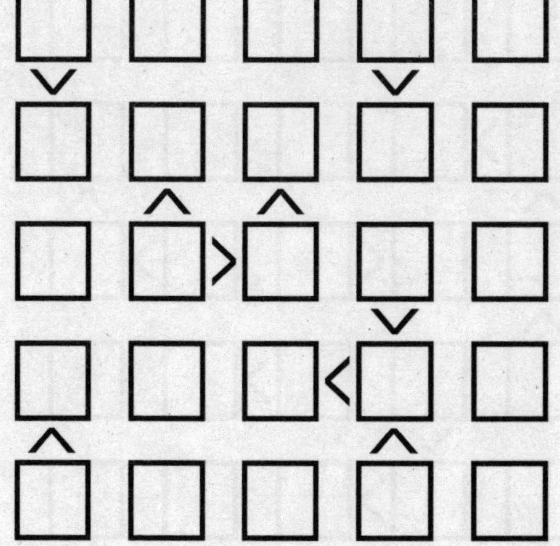

Brain Trainer | Cell Blocks | Futoshiki | Kakuro | KenKen | Set Square | Suko

41

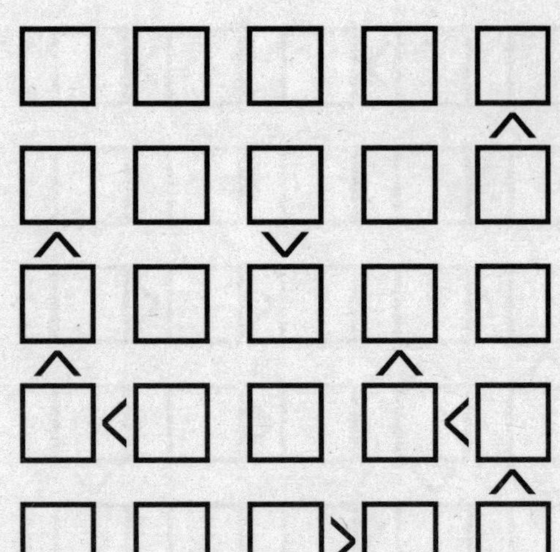

42

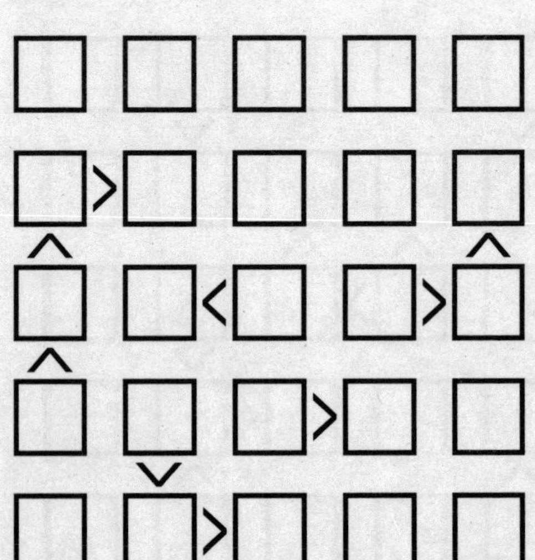

Brain Trainer
Cell Blocks
Futoshiki
Kakuro
KenKen
Set Square
Suko

43

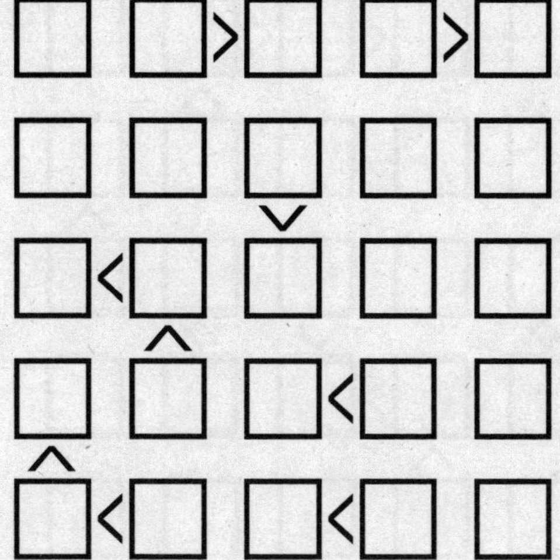

44

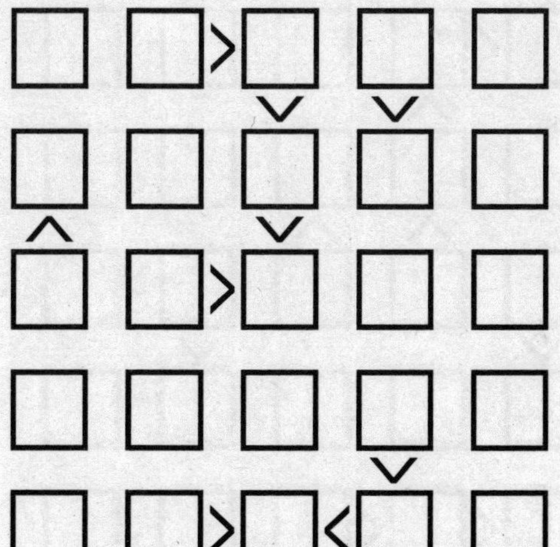

45

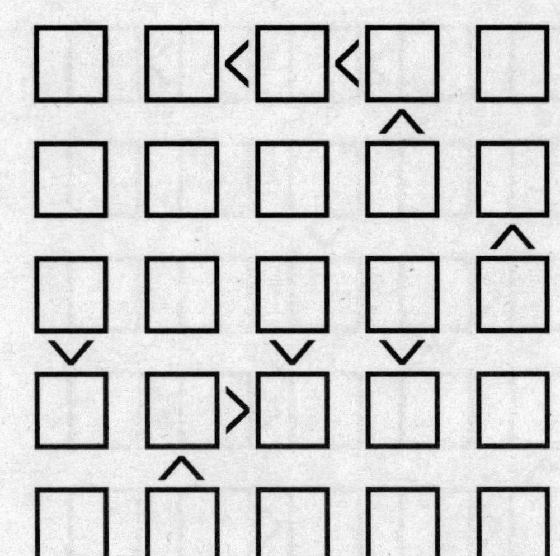

46

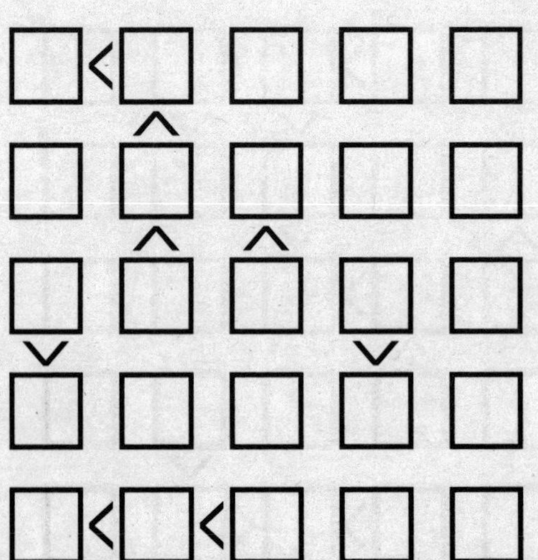

47

48

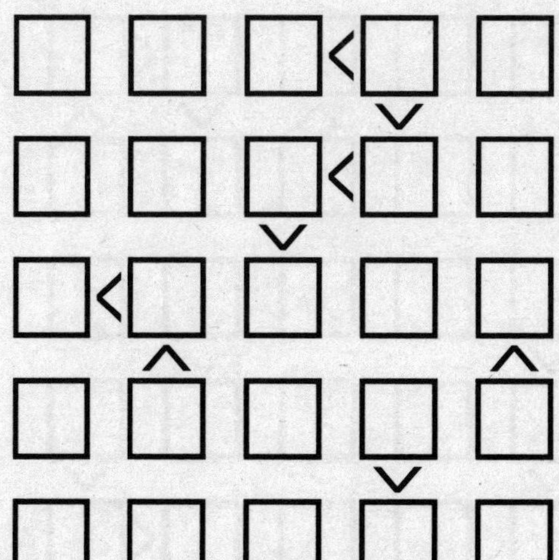

Brain Trainer
Cell Blocks
Futoshiki
Kakuro
KenKen
Set Square
Suko

49

50

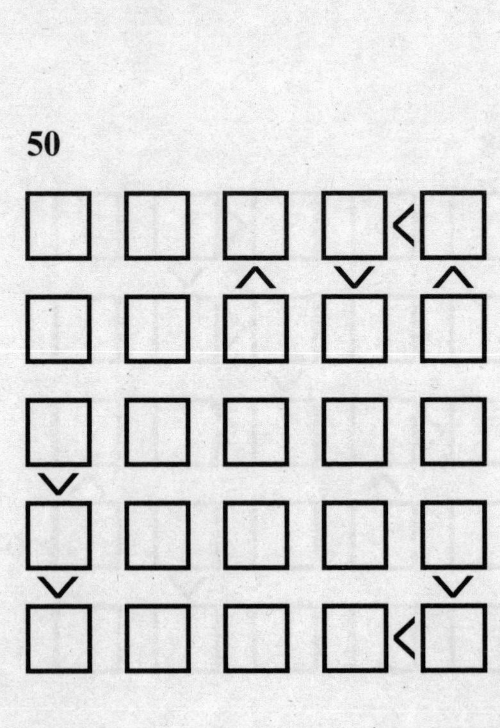

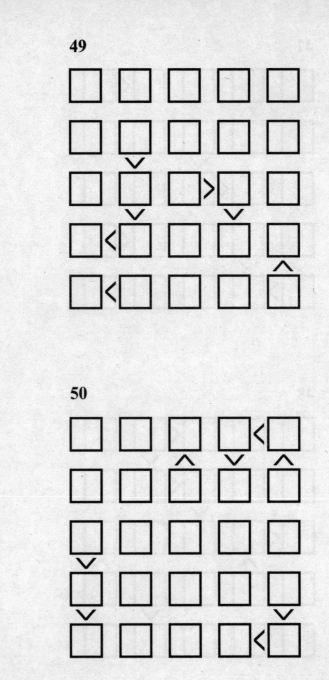

51

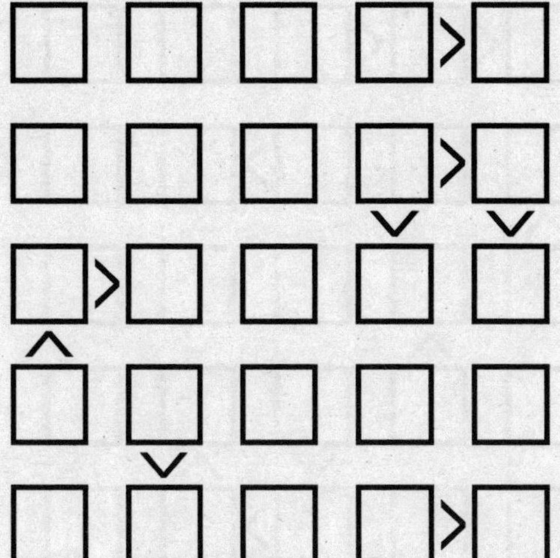

52

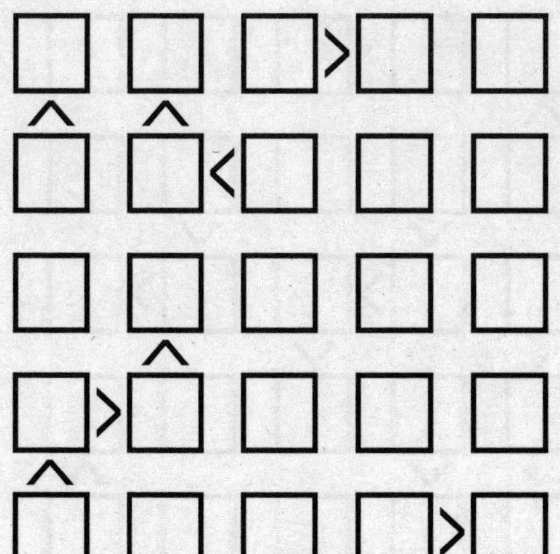

53

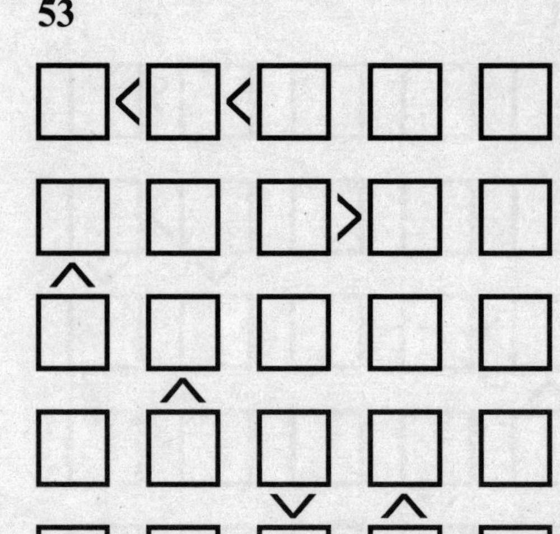

54

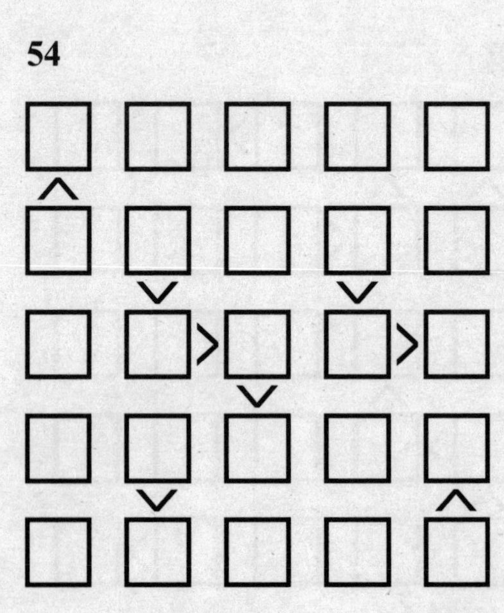

55

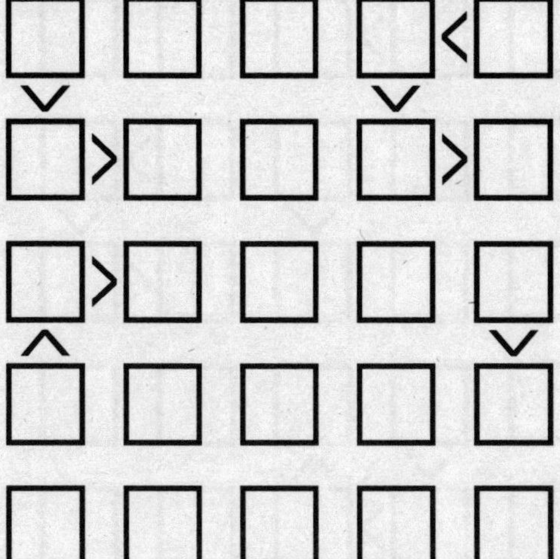

56

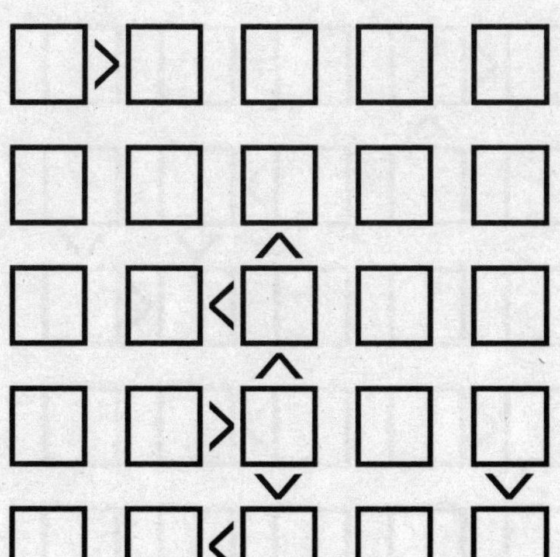

Brain Trainer
Cell Blocks
Futoshiki
Kakuro
KenKen
Set Square
Suko

57

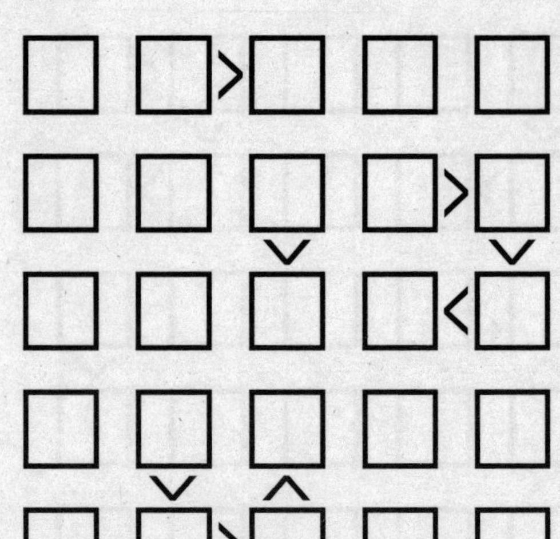

58

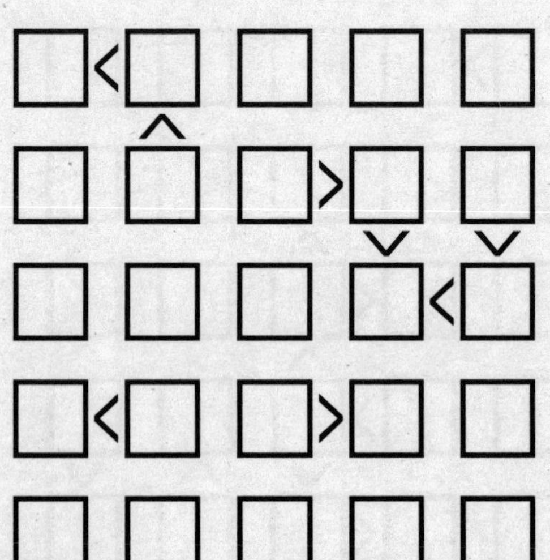

59

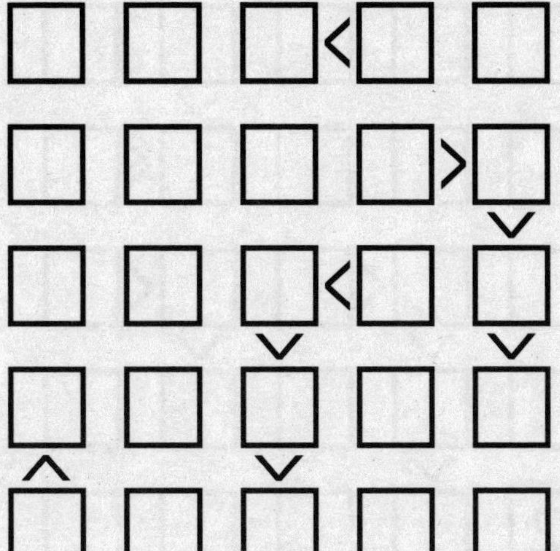

60

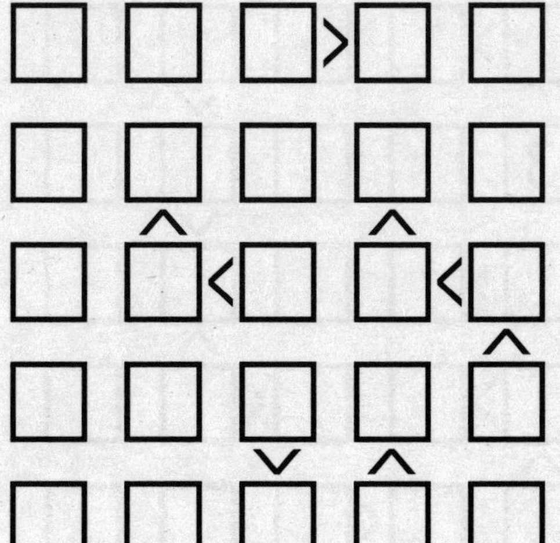

61

62

3

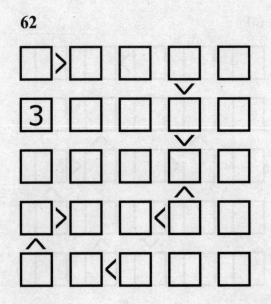

63

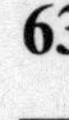

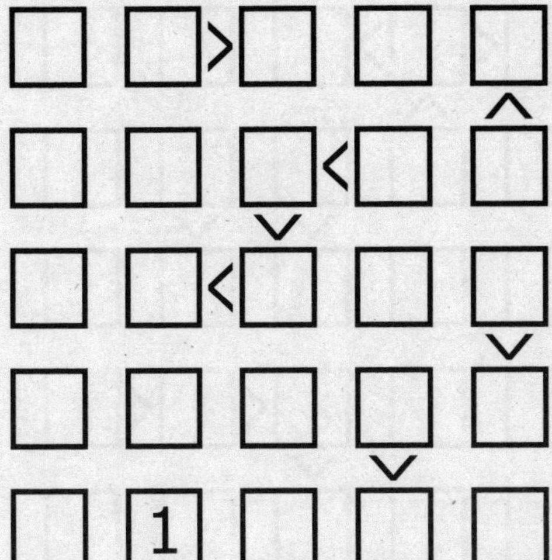

64

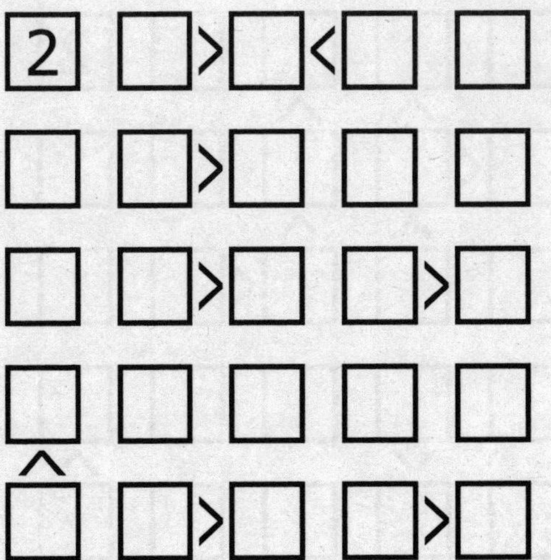

65

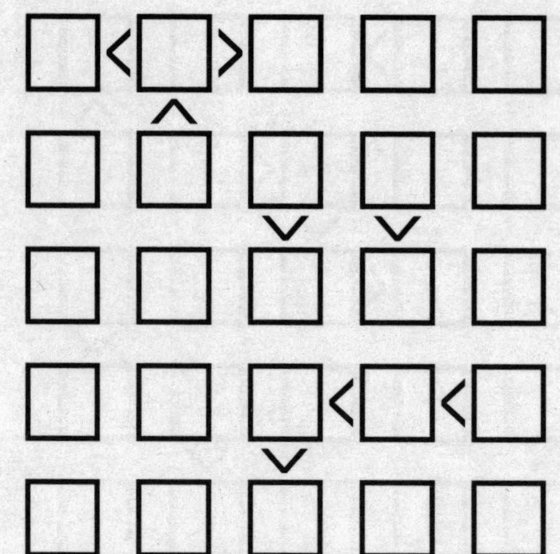

66

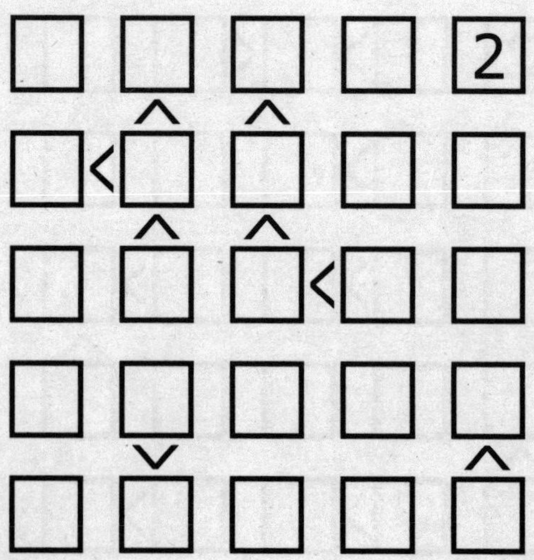

67

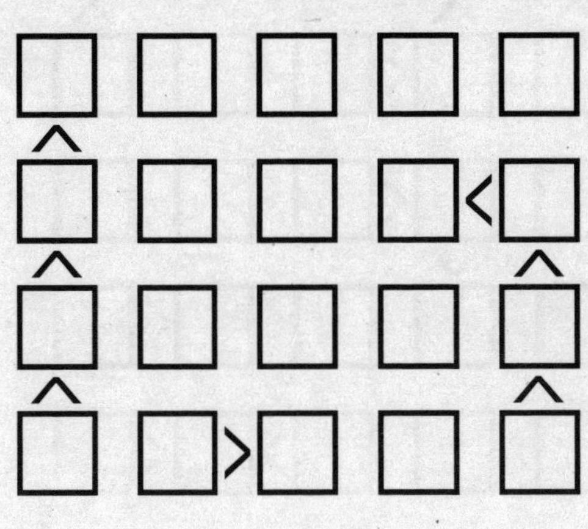

68

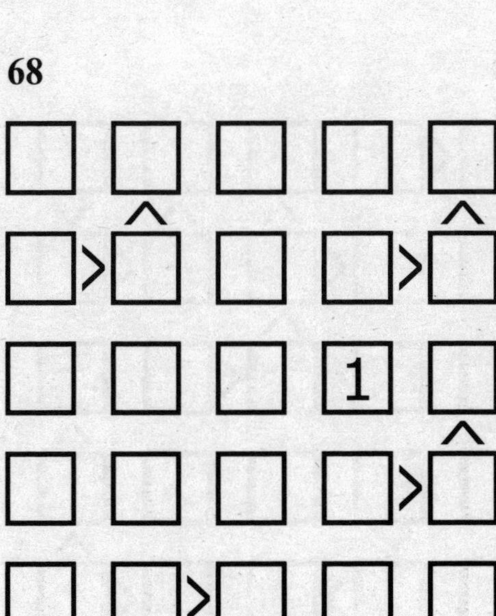

69

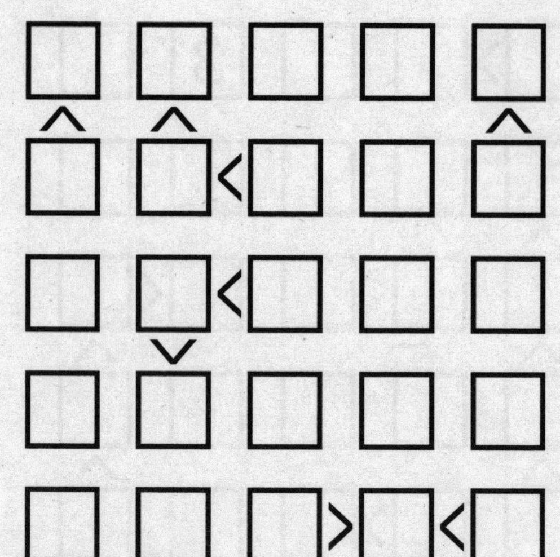

70

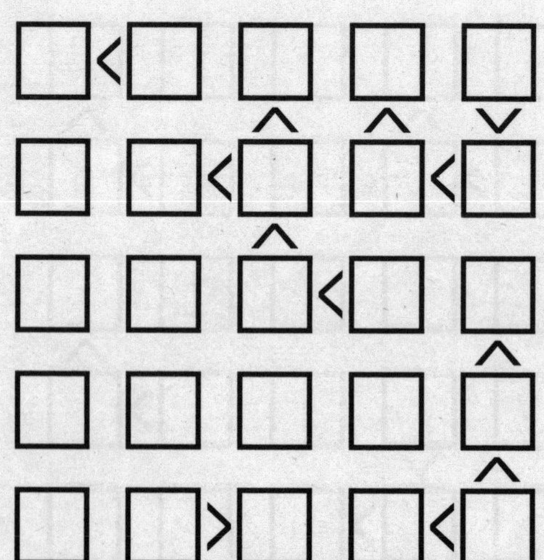

71

72

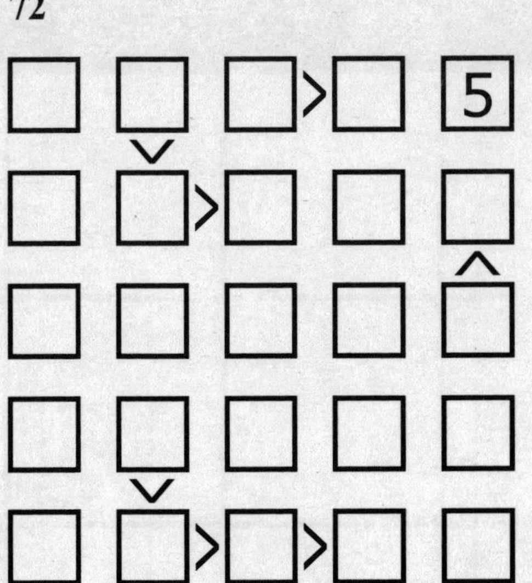

Kakuro

How to Play

- Fill the grid so that each block adds up to the total of the block above or to the left.
- You can only use digits 1-9 and you must not use the digit twice in one block.

The same digit may occur more than once in a row or column, but must be in a separate block.

Also known as: Croco Puzzle, Cross Sums, CrossSam, Kasan Kurosu, Kreuzsummenrätsel, Tashizan Cross, Zahlenschwede

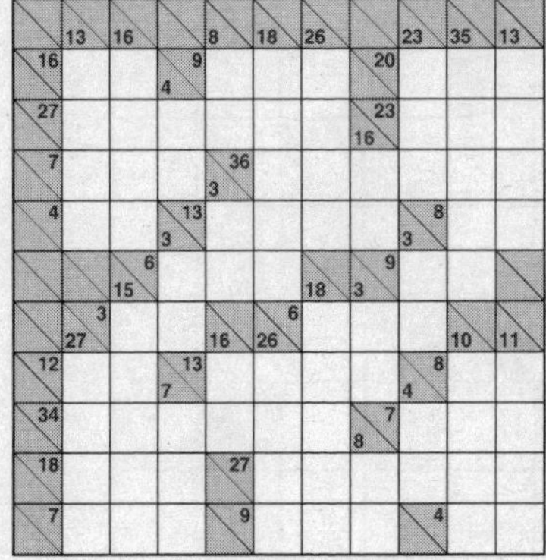

	13	16		8	18	26		23	35	13
16	7	9	4\9	1	2	6	20	9	7	4
27	1	2	3	7	5	9	16\23	8	9	6
7	2	4	1	3\36	7	8	9	6	5	1
4	3	1	3\13	2	1	3	7	3\8	6	2
		15\6	2	1	3	18	3\9	1	8	
	27\3	2	1	16	26\6	3	1	2	10	11
12	8	4	7\13	7	3	1	2	4\8	3	5
34	6	3	1	9	8	7	8\7	1	4	2
18	9	5	4	27	9	5	7	3	2	1
7	4	1	2	9	6	2	1	4	1	3

1

\	11\	18\	\	17\	28\	\	\	16\	28\	26\
\10			29\16			\	19\23			
\35						16\29				
\7				3\24				\12		
\30								29\4		
\	\	32\6				27\	3\15			\
\	20\14			20\	17\6				11\	18\
\3			\32							
\12			16\23				17\7			
\29					\35					
\23				\	\16			\10		

2

■	8\	4\	11\	10\	■	■	19\	21\	6\	8\
\11					■	\10				
\10					■	\11				
■	■	17\4			11\	10\16			13\	■
■	3\44									4\
\3			■	\8			■	\3		
\4			10\	11\4			21\	19\4		
■	\38									■
■	17\	4\4			■	\16			16\	17\
\16					■	\19				
\14					■	\21				

3

■	3\	4\	■	■	30\	29\	■	■	3\	4\
\4			7\	\12			■	8\4		
\7				27\16			33\6			
■	19\	21\38							11\	10\
\4			4\29					16\8		
\21					■	\19				
\19					11\	10\21				
\3			9\10					6\6		
■	3\	4\22							3\	4\
\6				\4			\6			
\3			■	\8			■	\3		

4

■	↓14	↓16	■	■	■	■	■	■	↓6	↓4
→17			↓40	↓16	■	■	↓4	↓40 →3		
→30					↓3	↓4 →10				
■	■	↓21 →23							↓19	■
■	↓4 →3			↓3 →4			↓4 →3			↓3
→21					■	→21				
→19					↓13	↓17 →19				
■	→4			↓3 →16			↓17 →4			■
■	↓4	↓3 →34							↓17	↓16
→10					■	→30				
→3			■	■	■	■	■	→17		

5

\	\	33\	11\	\	4\	21\	\	16\	22\	\
\	34\9			\9			10\16			16\
\7				10\33						
\29					\4			4\14		
\22					37\6				37\	16\
\14			13\	13\23						
\31							12\	19\8		
\	6\	6\7				\30				
\3			3\16			17\25				
\27							\7			
\	\3			\13			\4			\

6

■	■	23\	24\	■	15\	7\	■	4\	21\	■
■	12\16			\9			\7			6\
\19				23\4			38\8			
\35								23\4		
■	14\	24\	24\3			\23				8\
\19						15\27				
\24					\16					
■	4\23				7\9			24\	23\	12\
\3			8\41							
\9				\7			\19			
■	\14			\4			\16			■

7

■	17↓	16↓	19↓	■	30↓	29↓	■	7↓	4↓	3↓
23→				12→			7→			
24→				33↓ 16→			33↓ 6→			
■	■	36→							■	■
■	12↓	17↓	16↓ 29→					12↓	14↓	16↓
30→					■	30→				
29→					29↓	30↓ 29→				
■	■	■	19↓ 21→					9↓	■	■
■	17↓	16↓ 27→							4↓	3↓
23→				14→			7→			
24→				12→			6→			

8

\	7\	6\	\	15\	23\	15\	11\	\	27\	22\
\3			\16					4\4		
\4			8\36							
\21							3\6			
\	\	22\3			\6			\17		
\	34\6			3\	15\4			8\16		
\12			\6			\	15\5			\
\16			8\4			23\3			7\	6\
\7				11\21						
\33								\3		
\8			\29					\4		

9

■	21\	13\	17\	6\	16\	■	21\	14\	26\	28\
\22						\30				
\24						28\29				
\16			17\	16\	22\16			\4		
\30							■	\3		
■	26\	28\21					4\	3\14		
\14			■	\19					30\	29\
\4			■	23\33						
\3			8\12			4\	3\	14\14		
\29					\28					
\26					\26					

10

■	7\	4\	26\	■	6\	10\	■	17\	7\	■
\7				20\6			\6			4\
\21							11\6			
■	12\	12\6				7\24				
\13					9\4			26\	6\	■
\37							20\11			12\
■	\17			7\30						
■	12\	24\	23\3			6\13				
\30					10\6				7\	4\
\19				\21						
■	\16			\6			\7			

Brain Trainer | Cell Blocks | Futoshiki | Kakuro | KenKen | Set Square | Suko

11

■	3\	38\	■	11\	7\	18\	■	25\	6\	■
\6			22\6				\4			6\
\22							29\17			
■	14\23				3\25					
\22				13\11					37\	■
\16			27\3			16\22				15\
■	\22				18\16			7\12		
■	13\	23\27					10\21			
\25						6\8				14\
\11				\23						
■	\16			\7				\16		

12

\	34\	29\	\	\	6\	6\	\	4\	7\	19\
\10			7\	\4			10\7			
\7				4\24						
\24					12\4			4\7		
\22						18\3			39\	\
\9			16\	30\15						24\
\	\35						4\	7\10		
\	19\	9\17			22\31					
\7			4\14			12\19				
\38							\7			
\7				\16			\	\9		

13

■	■	23\	12\	6\	■	28\	14\	■	19\	3\
■	23\7				\16			4\4		
\29					18\15					
\17			10\	15\16			23\3			17\
\40								17\16		
■	4\	28\7				9\30				
\10					11\23				29\	23\
\3			16\28							
■	16\16			4\6			11\	16\16		
\28						\29				
\14			\3			\23				■

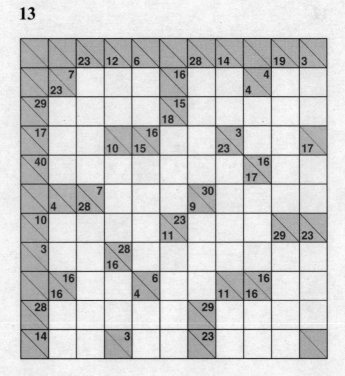

14

\	23\	33\	\	\	6\	7\	\	10\	3\	4\
\8			12\	7\4			\7			
\23							3\6			
\21					6\	\3			30\	7\
\	6\22					6\11				
\9				\4			\	20\4		
\4			10\	3\3			21\20			
\10					\22					19\
\	4\	3\3			7\	4\11				
\6				\26						
\7				\3			\	\17		

Brain Trainer | Cell Blocks | Futoshiki | Kakuro | KenKen | Set Square | Suko

15

\	\	29\	39\	3\	\	12\	3\	14\	34\	35\
\	16\17				\28					
\26					12\26					
\23				30\6			10\	\14		
\	\38							29\10		
\	22\	24\10			\	\18				
\29					10\	6\4			30\	\
\17			\23							16\
\6			16\	17\3			3\23			
\24						\26				
\22						\17				\

16

■	29\	30\	■	21\	20\	■	8\	7\	15\	4\
\12			\8			18\10				
\16			30\32							
\32							\4			4\
\23				16\16			4\	10\7		
■	16\	35\17			24\19					
\30						20\3			10\	11\
\13			23\	\8			7\7			
■	9\16			16\27						
\35								\4		
\29					\11			\8		

17

\	20\	23\	\	\	16\	27\	\	4\	24\	\
\16			16\	\11			5\3			17\
\23				26\26						
\30								7\14		
\	7\	34\	23\23				21\3			16\
\29						22\13				
\29					26\30					
\	6\16			4\6				16\	13\	22\
\4			4\39							
\24							\24			
\	\6			\16			\	\14		

18

■	23\	30\	16\	21\	■	■	■	■	34\	16\
\29					9\	24\	■	16\13		
\34							27\23			
\16			17\31							
■	\14			28\23				\10		
■	15\	16\16			25\16			4\8		
\10			\16			7\10			13\	■
\8			8\7				22\3			23\
\36								16\16		
\6				\35						
\4			■	■	■	\26				

19

■	19\	33\	■	■	26\	14\	■	22\	3\	4\
\8			4\	3\16			\9			
\31							7\7			
\28						4\4			34\	16\
\4			22\	\29						
■	4\4			21\	16\17					
\24						12\	\16			16\
\22							16\	17\16		
■	4\	3\16			7\24					
\9				\26						
\7				\4			■	\6		

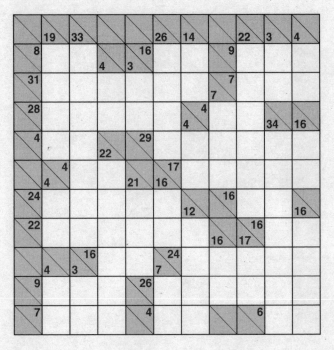

20

\	14\	37\	\	18\	4\	\	\	19\	23\	7\
\13			\3			9\	17\21			
\16			6\29							
\	9\7				\16					
\26					7\	6\16			23\	21\
\21							32\	24\16		
\4			25\	23\32						
\	7\	6\16			4\	\14				
\16						16\23				6\
\37								\7		
\9				\	\17			\4		

Brain Trainer | Cell Blocks | Futoshiki | Kakuro | KenKen | Set Square | Suko

21

\	17\	16\	\	\	30\	29\	\	\	17\	16\
\16			9\	\12			\	12\16		
\23				27\16			33\24			
\	19\	21\38							11\	10\
\3			4\29					16\8		
\21					\	\19				
\19					11\	10\21				
\4			15\10					12\6		
\	17\	16\22							17\	16\
\24				\4			\24			
\17			\	\8			\	\17		

22

\	8\	4\	11\	10\	\	\	19\	21\	6\	8\
\11					\	\10				
\10					\	\11				
\	\	30\4			10\	11\16			26\	\
\	16\44									17\
\17			\	\8			\	\17		
\16			10\	11\4			21\	19\16		
\	\38									\
\	16\	4\4			\	\16			16\	17\
\14					\	\19				
\15					\	\21				

23

■	16\	21\	23\	10\	20\	■	16\	17\	■	■
\16						\17			28\	23\
\26						3\30				
\23				10\4			11\	\17		
\16			4\11					4\16		
■	■	10\9				20\7				■
■	7\7				3\9				21\	15\
\3			\10					23\14		
\4			4\	3\4			10\24			
\10					\26					
■	■	\3			\16					

24

\	16\	21\	\	3\	15\	\	26\	35\	6\	\
\14			3\4			\9				6\
\18						16\19				
\	4\3			4\36						
\7			\27						39\	\
\3			24\3			15\	7\10			16\
\	\14			26\	16\4			\14		
\	14\	7\17						17\13		
\32							4\16			16\
\28					\30					
\	\11				\7			\17		

25

■	17\	39\	■	■	■	17\	30\	■	17\	11\
\12			■	25\	4\16			22\16		
\16			16\34							
■	24\24					24\26				
\30					22\15				27\	7\
\14			21\24				11\8			
\24				10\18				3\3		
■	13\	19\18				7\10				
\14					3\10					16\
\32								\16		
\4			\4			■	■	\17		

26

■	↓23	↓31	↓18	↓16	■	↓6	↓3	■	↓23	↓24
→21					→3			→16		
→16					↓27 →4			↓16 →17		
→18				↓14 →10			↓10 →23			
■	↓16 →20					↓14 →10			↓28	↓4
→17			→21					→7		
→16			↓16 →13					↓26 →3		
■	↓24	↓23 →9			↓6 →16					↓7
→23				↓4 →5			↓14 →13			
→17			→3			→24				
→16			→4			→28				

27

\	9\	25\	\	16\	23\	6\	\	\	26\	24\
\4			4\19				31\	\14		
\28								24\17		
\	16\3			24\38						
\17			21\6			\24				\
\33						18\16			33\	11\
\	\	27\16			\17					
\	24\7				24\4			16\17		
\30							8\17			4\
\14			\39							
\17			\	\10				\7		

28

■	■	29\	37\	■	■	29\	17\	■	35\	12\
■	7\14			■	13\16			13\17		
\9				31\38						
\37							17\16			17\
\27					\11			29\16		
■	3\	32\16			■	\30				
\10					10\	\8			28\	23\
\6			17\10			4\28				
■	16\16			7\26						
\31							\11			
\17			\4			■	\12			■

29

	6\	7\			9\	30\		16\	34\	
\4			24\	6\4			\16			7\
\22							16\21			
	6\	34\27						25\4		
\10					37\29					
\6				\7			\16			16\
	7\16			16\6			6\11			
\28						9\15				
\4			16\27						7\	6\
\21				\22						
	\16			\4				\4		

30

\	16\	32\	\	14\	24\	7\	32\	\	8\	4\
\16			\21					21\3		
\17			4\28							
\	\6			31\27					38\	24\
\	7\12				8\	4\30				
\3			\10					\17		
\4			9\11					17\16		
\10					23\	6\22				\
\	12\	16\13					6\16			4\
\42								\4		
\17			\19					\3		

31

\	\	13\	25\	\	34\	14\	\	\	30\	16\
\	13\4			7\16			\	17\17		
\35							11\24			
\34						28\24				7\
\	7\	38\16						\6		
\7			\	\8			\	\4		
\10			\	10\4			23\	27\3		
\4			16\16						17\	14\
\	17\23				14\34					
\24				\36						
\16			\	\16			\17			\

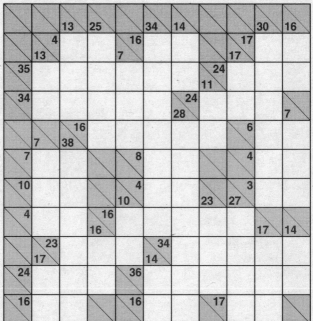

32

■	↓8	↓4	↓15	↓7	■	↓30	↓16	↓13	↓30	■
→10					→25					↓4
→11					↓3 →19					
■	■	↓30 →10					→7			
■	↓6 →7			↓10 →4			↓9 →16			↓3
→11					↓30 →16			↓15 →8		
→10			↓11 →16			↓3 →10				
■	↓4 →14			→4			↓7 →6			■
→7				↓16 →10					↓4	↓8
→19						→11				
■	→25					→10				

33

\	3\	4\	9\	\	30\	29\	\	19\	16\	17\
\7				\12			\23			
\6				27\16			33\24			
\	19\	21\38							10\	11\
\4			4\29					16\8		
\21					\	\19				
\19					10\	11\21				
\3			12\10					23\6		
\	3\	4\26							16\	17\
\7				\4			\23			
\6				\8			\24			

34

	6↓	32↓	4↓	20↓				30↓	14↓	16↓
11→					14↓	16↓	22→			
30→							26↓ 23→			
4→			3↓ 35→						32↓	13↓
	24↓ 4→			25↓	9↓	4↓ 29→				
32→								3↓ 16→		
17→			30↓ 34→							
27→					12↓	9↓	21↓ 4→			6↓
	14↓	17↓ 35→						4↓ 4→		
20→				22→						
24→						11→				

35

\	6\	39\	24\	\	6\	4\	\	27\	11\	\
\7				6\3			\7			3\
\26							30\7			
\25					\	6\26				
\	16\9			11\	19\16				21\	4\
\42								26\6		
\14			13\32							
\	13\	24\6				\	14\11			24\
\16					6\	4\21				
\19				\22						
\	\16			\3			\23			

36

\	16\	34\	28\	4\	\	\	16\	4\	11\	10\
\16					21\	\11				
\31						23\10				
\	3\16			\24				37\4		
\7				3\17			11\10			
\13					24\22				22\	4\
\	10\	11\14				23\12				
\12				14\16			\7			
\6			6\23				9\4			3\
\11					\32					
\10					\	\19				

37

■	6\	23\	21\	■	■	6\	31\	■	23\	24\
\20				17\	7\4			\16		
\29								17\17		
\16						24\30				
■	4\	3\16			24\24				4\	3\
\6				30\24				23\4		
\3			16\24				17\7			
■	19\	24\24				7\16			23\	7\
\29					7\16					
\14			\29							
\17			\4			■	\21			

38

\	34\	35\	\	\	20\	18\	\	17\	29\	\
\12			14\	\17			16\14			14\
\24				10\38						
\36								7\17		
\14			6\7				10\12			\
\13					23\8				34\	35\
\	\	30\9				11\15				
\	14\11			13\7				14\14		
\16			16\35							
\38							\23			
\	\17			\13			\	\10		

39

■	8\	21\	23\	28\	7\	■	■	29\	7\	■
\29						8\	\4			7\
\21							13\19			
■	4\23				22\16					
\3			32\14			24\17			21\	■
\14				\16			\7			4\
■	\14			16\17			28\9			
■	3\	19\14			5\15			7\3		
\27						12\7				10\
\7				\22						
■	\7			■	\33					

40

■	9\	19\	■	■	33\	17\	■	■	4\	3\
\7			4\	\16			14\	16\4		
\7				7\33						
\30						\17			19\	11\
■	13\	21\	16\6			39\	■	3\7		
\25							24\7			
\24				\33						
\14			4\	3\	\17			16\	11\	19\
■	7\	4\4			17\24					
\23							\23			
\3			■	\16			■	\13		

41

	3\	4\			30\	29\			3\	4\
\4			7\	\12				8\4		
\7				27\16			33\6			
	19\	21\38							10\	11\
\4			4\29					16\8		
\21						\19				
\19					11\	10\21				
\3			9\10					6\6		
	3\	4\22							3\	4\
\6				\4			\6			
\3				\8				\3		

42

\	19\	9\	17\	\	\	16\	33\	\	14\	13\
\23				9\	\14			17\16		
\21					17\35					
\4			\4			27\16			14\	17\
\	11\	19\	17\12					16\4		
\23				16\31						
\30							20\24			
\13			4\22					\	23\	24\
\	6\	4\3			3\13			12\16		
\15						\23				
\4			\7			\	\24			

43

\	\	38\	7\	27\	9\	18\	\	29\	23\	24\
\	14\34						\15			
\31							4\23			
\11					23\31					
\4			29\13			24\3			39\	\
\17				\16			\11			11\
\	\17			4\17			28\20			
\	23\	24\3			9\15			6\7		
\24						10\19				
\15				\38						
\23				\16						\

44

\	\	34\	31\	14\	\	10\	3\	14\	30\	29\
\	3\24				\28					
\24					8\26					
\7				\7			\	35\14		
\	\10			4\3			16\16			
\	\13					21\14			31\	\
\	20\	14\7			30\26					\
\16				\13			\4			14\
\16			17\	6\17			4\24			
\22						\26				
\24						\7				\

45

			3\	10\		8\	11\	7\	4\	10\
		24\4			\15					
	31\12				16\16					
\11			7\4			34\4			34\	16\
\31								23\7		
\20				\14			\10			
\7				11\6			30\23			
\7			7\40							
	16\	13\4			4\16			17\8		
\24						\19				
\18						\16				

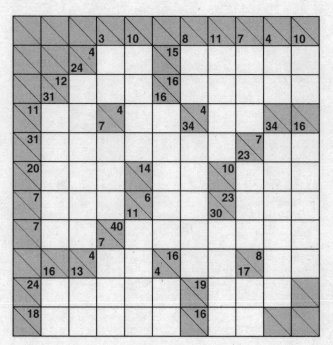

Brain Trainer Cell Blocks Futoshiki Kakuro KenKen Set Square Suko

46

■	12\	30\	21\	■	19\	16\	■	35\	16\	17\
\22				29\16			\23			
\31							17\24			
■	\11					9\14			30\	■
■	3\24				7\29					4\
\4			15\12				22\15			
\7				3\6				20\7		
■	\16					24\23				■
■	5\	4\6			14\24					4\
\9				\22						
\7				\17			\7			

47

\	\	33\	16\	\	\	16\	24\	\	14\	13\
\	24\10			14\	\17			23\16		
\21					4\35					
\18						3\16			42\	3\
\23				17\3			3\13			
\	3\19				15\3			24\4		
\4			17\17			16\11				6\
\7				24\16			6\7			
\	14\	13\17			17\32					
\35						\19				
\16			\16			\	\9			\

48

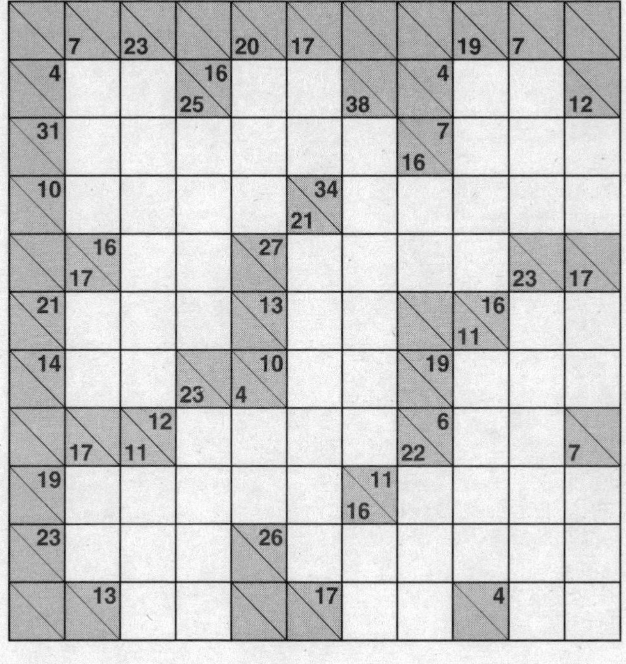

49

■	↓8	↓6	↓6	↓12	■	■	↓26	↓16	↓37	■
→10					■	↓14 →21				↓17
→11					↓21 →35					
■	↓13	↓33 →25						↓13 →16		
→14			↓19 →6			↓20 →16				↓16
→24				→16			→24			
→7				↓17 →17			↓10 →7			
■	↓3 →15				↓16 →7			↓7 →4		
→4			↓3 →21						↓6	↓8
→17						→11				
■	→9				■	→10				

50

\	13\	14\	30\	\	\	27\	28\	16\	39\	\
\23				17\	\14					13\
\29					6\31					
\	\	38\33						16\14		
\	8\15			22\31						16\
\6			4\5			14\30				
\10					21\4			10\14		
\	13\15						3\5			\
\16			4\19						6\	7\
\33						\11				
\	\20					\	\7			

51

■	4\	7\	■	26\	36\	■	4\	14\	24\	8\
\3			\4			16\10				
\4			23\34							
■	\34						\4			■
■	17\	34\24				30\	\16			4\
\23				\14			■	6\6		
\16			19\	\13			20\9			
■	\17			■	8\7				8\	■
■	6\16			16\16						3\
\37								\3		
\15					\4			\4		

Brain Trainer | Cell Blocks | Futoshiki | **Kakuro** | KenKen | Set Square | Suko

52

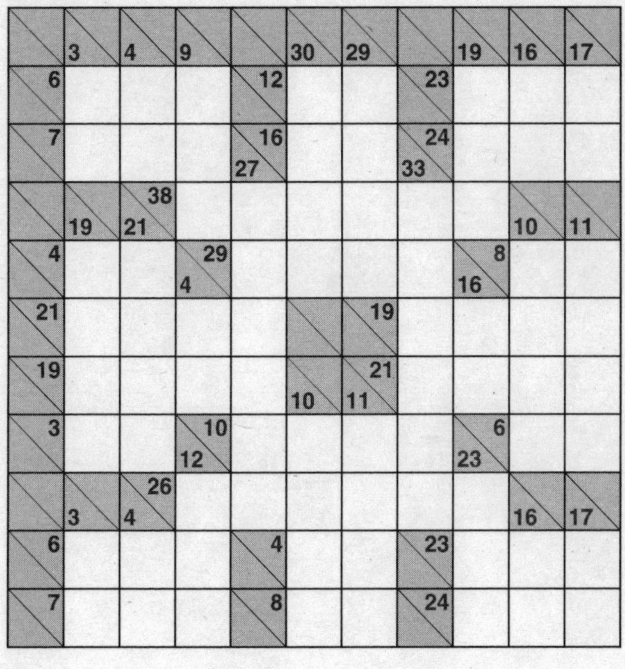

53

■	7\	19\	29\	■	12\	4\	■	■	26\	28\
\6				9\3			■	14\14		
\27							24\24			
\34						9\28				
■	\6			12\	6\4			\4		
■	26\	28\17						18\3		
\3			\23						21\	■
\14			14\4			18\	11\14			23\
\29					16\16					
\23				\33						
\4			■	\17			\24			

54

\	7\	38\	24\	4\	9\	\	\	35\	20\	\
\29						34\	\17			16\
\27							17\23			
\	16\4			15\34						
\30					28\24				37\	\
\13			16\24				7\12			3\
\	\8			4\23				29\4		
\	17\	19\9				18\12				
\27							16\16			4\
\23				\33						
\	\13			\	\28					

55

▧	12\	9\	15\	▧	7\	5\	6\	▧	38\	4\
\7				4\6				\3		
\30								14\4		
▧	▧	32\7				▧	\16			24\
▧	6\4			11\	9\	7\	13\19			
\38								35\12		
\8			6\32							
\11				▧	▧	23\	16\16			▧
▧	16\4			15\	14\23				8\	11\
\17			\40							
\16			\24				\23			

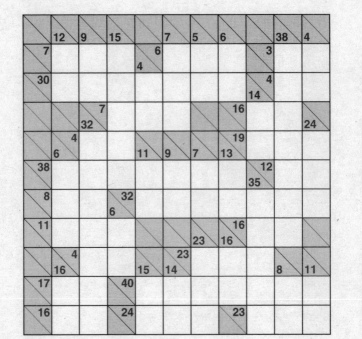

56

■	3\	4\	9\	■	30\	29\	■	7\	4\	3\
\6				\12			\6			
\7				33\16			33\7			
■	■	\34							■	■
■	12\	17\	16\29					14\	12\	16\
\30					■	\30				
\29					29\	30\29				
■	■	■	11\21					9\	■	■
■	3\	4\27							4\	3\
\6				\14			\6			
\7				\12			\7			

Brain Trainer | Cell Blocks | Futoshiki | Kakuro | KenKen | Set Square | Suko

57

(Clue cells shown as down\across; blank = white cell; \ = empty black cell)

\	13\	23\	28\	4\	\	\	8\	12\	28\	6\
\13					16\	\10				
\33						24\11				
\	\16			13\16			26\16			11\
\	12\	26\16			\16			32\16		
\21					8\27					
\18						\26				
\4			6\4			4\3			7\	\
\	16\4			4\3			16\4			4\
\13					\17					
\16					\	\24				

58

\	\	34\	11\	\	7\	10\	\	31\	17\	16\
\	4\4			12\3			\23			
\22							28\24			
\11					8\7				37\	11\
\	13\13			12\37						
\4			19\4			4\19				
\21					30\8			26\16		
\23							16\16			4\
\	4\	3\23				14\26				
\7				\34						
\6				\16			\4			\

59

	11\	19\		3\	4\		17\	4\	6\	7\
\7			13\4			\10				
\24						28\11				
\7				4\	22\16			\4		
	12\	17\22							6\	7\
\36							16\	13\4		
\16				\24						
	7\	6\		15\14					14\	17\
\4			8\4			7\	4\23			
\20					\16					
\11					\6			\4		

60

\	4\	3\	\	34\	17\	35\	\	3\	31\	\
\4			14\19				\6			\
\32							4\4			4\
\	7\	32\16			33\3			\3		
\3			3\10					17\4		
\25							35\16			11\
\	4\4			16\39						
\6			\27					14\16		
\4			16\14			16\16			3\	4\
\	\16			\31						
\	\17			\21				\4		

61

■	16\	17\	■	■	30\	29\	■	■	16\	17\
\17			11\	\12			■	13\17		
\24				27\16			33\24			
■	19\	21\38							10\	11\
\3			4\29					16\8		
\21					■	\19				
\19					11\	10\21				
\4			13\10					10\6		
■	16\	17\22							16\	17\
\23				\4			\23			
\16			■	\8			■	\16		

62

■	13\	20\	4\	8\	■	11\	19\	■	34\	35\
\10					21\4			\14		
\33								\12		
\16			■	4\23				19\10		
\4			19\3			19\	\24			
■	28\	22\11					3\23			
\24				\11					30\	29\
\23				9\	19\4			\12		
\4			\23				12\	16\16		
\10			\39							
\3			\9			\29				

63

\	28\	29\	\	\	\	28\	4\	\	6\	7\
\17			\	4\	14\6			\4		
\14			6\12					17\3		
\27							23\7			
\6				10\27					28\	\
\16			13\4			28\23				28\
\	\9				13\13			6\10		
\	24\	23\10					4\6			
\23				6\26						
\17			\16					\16		
\16			\4			\	\	\17		

64

\	4\	15\	10\	8\	\	23\	16\	17\	29\	\
\11					\30					13\
\10					26\35					
\	4\4			23\17			\	12\16		
\17						13\	17\17			\
\7			15\22						22\	6\
\	\	30\33						21\4		
\	14\17			\	13\24					
\16			16\	17\3			3\4			4\
\35						\21				
\	\29					\19				

3−
3−
2−
2÷
14+
5+
15×

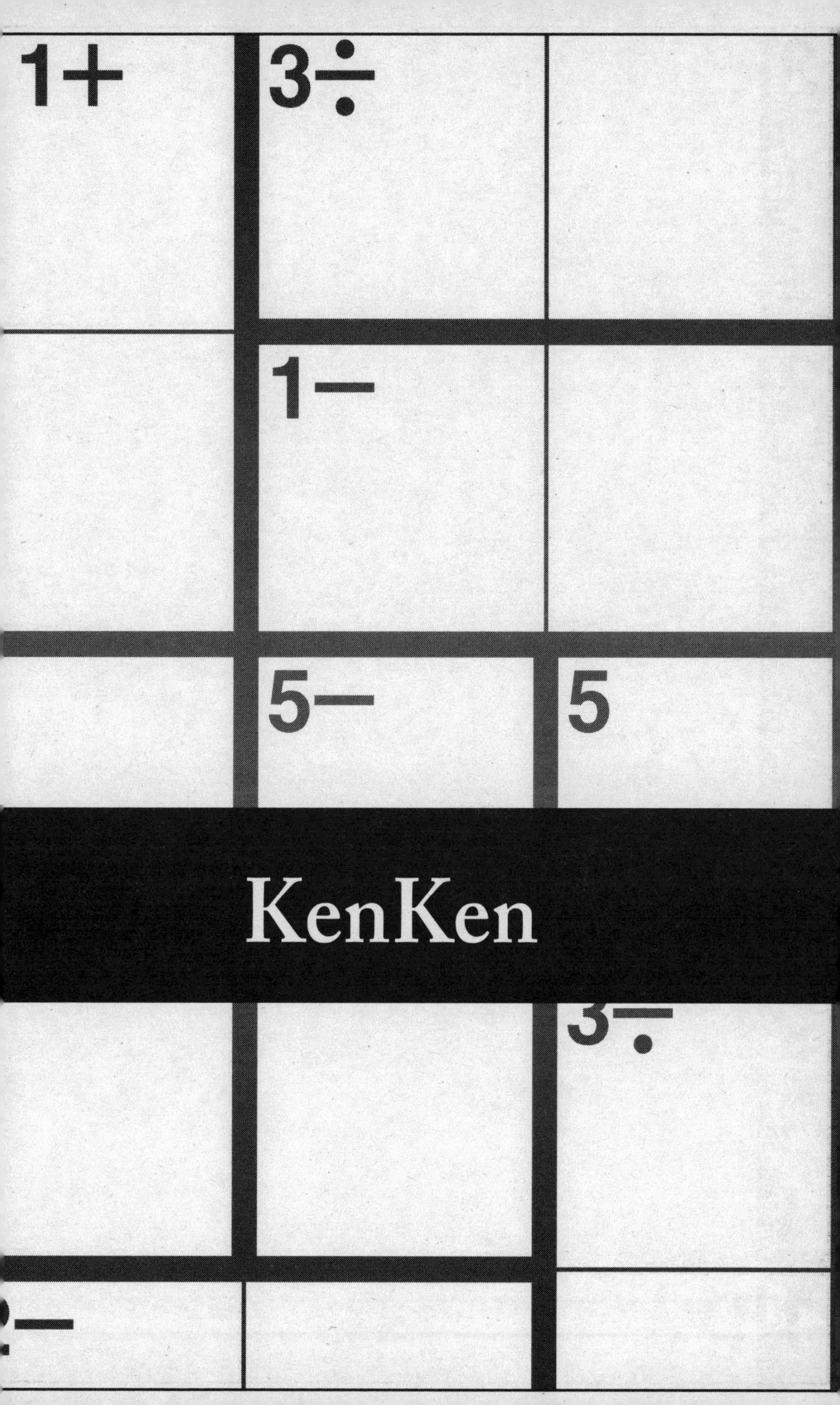

1+
3÷
1−
5−
5
KenKen
3÷

How to Play

Fill each cell with a number from 1-4 (1-5, 1-6 etc, depending on the dimensions of the grid).

Do not repeat a number in any row or column.

The numbers in cages (heavily bordered regions) must combine in any order to produce the target number in the top corner, using only the mathematical operator specified. Numbers can be repeated in a cage, but not in the same row or column

The unusual name of this puzzle means 'cleverness squared' in Japanese..

Also known as: Calcudoku, CanCan, Hitoshii, Kendoku, MinuPlu, Square Wisdom

108×			3−	1−	9+
1−		3÷			
	11+	4	2−	30×	
120×				12×	
	24×		3÷		5−
	5				

108× 3	1	6	3− 2	1− 4	9+ 5
1− 2	6	3÷ 1	5	3	4
1	11+ 4	3	2− 6	30× 5	2
120× 6	2	5	4	12× 1	3
5	24× 3	4	3÷ 1	2	5− 6
4	5 5	2	3	6	1

1

2÷		144×		1−	
1−	14+			3÷	
		9+			2÷
5−		120×		24×	
			1−		
30×				5−	

Easy

2

2÷		9+	2÷		120×
5−			2÷		
	2−			14+	
7+		1−			
	50×	1−		24×	
		3	5−		

Easy

3

2−	2÷		2÷		5−
	30×	7+		4−	
10+			7+		15+
3−	12+				6×
	8+		24×		

Easy

4

8+	12×		11+		4−
	9+		3÷		
		1−	7+		3−
11+			1−		
	72×			5	2−
5−			2÷		

Easy

5

2÷	60×		5−		2÷
		10+		1−	
2÷	5−				24×
	3−		2−	3	
1−	3−	2÷		30×	
			2		

Easy

6

6×	2÷		15×		1−
	2−	10+	2÷		
				6+	
6+		12+		2	9+
24×	13+		3÷	5−	

Easy

7

2÷		3÷		13+	20×
15×	72×		5−		
		11+			
2−	3+			2−	
		1−		1−	
15×			48×		

Easy

8

36×			10+		
3−		3−	11+	3÷	
2−	2÷			1−	
		14+		5−	5
5+					3÷
15×			2−		

Easy

9

3−	3−		10×	11+	
	24×				9+
2÷		11+		2	
	1−	3−	19+		
1−				30×	
	3÷				2

Easy

10

1−		144×			1
30×	3+			5	360×
		13+	3÷	2÷	
4×					
		2	1−		
2÷		1−		2÷	

Easy

11

2−	2÷		10×		
	2−	2÷	2−	3÷	
2÷				7+	1−
	2	8+	12+		
2−	6+				2÷
		4	6×		

Easy

12

2÷	60×			72×	
	9+				4
13+			5−	13+	
3	12+	2÷			
			8+		36×
11+					

Easy

13

120×		1−		3÷	3−
	3÷	8×			
1			2−		2−
1−	3+		11+		
	2−		12+		2−
1−		5−			

Easy

14

24×			3	90×	2÷
6×	9+		3−		
		11+			2−
6+			2÷		
2−		2÷	5−	2−	
1−				6+	

Medium

15

2−		1−	1−	30×	2−
11+	18×				
			8×		5−
1−		3		6×	
2÷		1−			2÷
3+		1−			

Medium

16

10×	1−	40×			12+
		3÷	48×		
	12+			2÷	4
1−					2÷
	3÷		3÷	60×	
1−		2			

Medium

17

3−		2−	4×	12+	
2÷	180×				
				20×	
36×		8+	11+		
	4		2−	4−	2÷
5−					

Medium

18

3+		2÷	11+		3−
75×			5+		
1−		30×	24×	1−	
	6×				3−
2−		12×	6×	10×	

Medium

19

2÷		2×	2−		2÷
13+			1−		
		10×		3−	
13+			3÷		1−
3÷	13+			2	
	5	2−		2÷	

Medium

20

2÷	60×			20×	3−
	9+		1−		
3÷				180×	
2−	5+	11+			
		4−	8+		3−
1−				2	

Medium

21

1	12×		2−	2−	
90×				1−	
	11+	6	10×		
			2÷		6+
2÷	8+	2−		3−	
		6+			

Medium

22

1−		20×		5−	
10+	24×		2÷		60×
		4	6+		
	5−	3−		1	24×
3÷			11+	1−	

Medium

23

90×			3+		1−
3+		2−	2−		
2−			4−	2÷	1
60×	3÷				3−
		7+		14+	
1	24×				

Medium

24

3−	5−		24×		
	11+	12×	11+		4−
				4	
9+	3−		10+		
		2−		3÷	
14+			3−		2

Medium

25

1−		12+			1−
11+	40×				
		90×		2÷	
18×			120×		5−
		24×			
2	5−			1−	

Medium

26

24×			150×		4
24×		11+	2÷		2÷
				11+	
1−	6×				3+
	12+	3−	1−	10+	

Medium

27

2−		1−		2−	
3−		24×			3
4−	8+		2	2−	
	3+	24×			5−
2÷		5−	9+		
	4		30×		

Medium

28

4−		12×			5
13+		1−		1−	2÷
4−		7+	108×		
	12×				3−
2÷			9+		
	60×			2÷	

Medium

29

2÷	15×	10+		3÷	
			3÷	2÷	
120×		1−		4−	
			60×	1−	5−
4×					
	2−		2	2−	

Medium

30

6×		1−	5−		8+
5+	2÷		60×		
		2		1−	2−
2÷		11+			
1−			2×	12×	1−
1−					

Medium

31

24×	4−		3−		3+
	16+	5	2÷		
		9+	5−	2−	
				4−	4
24×			20×		13+
2−					

Medium

32

36×	3+		5−	1−	
	1−	2−		7+	
			2−		3÷
24×		3÷	30×	1	
4−				1−	4−
1	1−				

Medium

33

2÷		24×		3−	4−
3−		144×			
5−			4−	3÷	
	90×			11+	
1−					3−
	3+		1−		

Medium

34

11+	3	2−		2−	2÷
	1−	24×			
1				7+	
2÷		2−		24×	
9+	2÷		11+		2−
		6	4−		

Medium

35

4−	11+		48×		
	12+	2÷			5+
2÷		20×	1−		
			2−	1−	90×
2÷	2÷				
	3÷		1−		

Medium

36

4	1−		6+	6×	
8+		1−		5−	
2÷			7+		1−
	3÷	2÷	3−		
25×			1−		2÷
		6	2−		

Medium

37

9+	2÷		30×	8+	
	15+			2÷	
		48×		10+	2
5−	15×				
		30×	1−	4	12×

Medium

38

1−	11+	2÷		30×	
			5−		8×
36×		2−			
	5−		12+		4
4−		5+			2÷
	2÷		5		

Medium

39

5+		2−		14+	
1−		6×			10+
3+	2÷				
	4−	11+		8+	2−
3−		7+			
	1−			3÷	

Medium

40

2−		2÷		12×	6
1−		2÷	4−		6+
2÷				1	
3÷		2−		1−	
2−		4	1−	3÷	
1	30×			1−	

Medium

41

3÷	17+		5−		90×
			2÷	1−	
1−	1−				
	6	3÷	7+		
2−			5	6×	
2÷		2−		2−	

Medium

42

2−	36×				11+
	12×	3+	3		
3+			10×	24×	
	1−			7+	
12+			2÷		1−
2−		3−		6	

Medium

43

20×			5−	1−	
30×		18+		2÷	
				5−	4−
2−	2÷	1−			
		2÷		1−	
1	40×			2÷	

Medium

44

60×	5−		5	2÷	1−
		8+			
3−	200×		6×	1−	
				2÷	
12+			5−		10×
		2−			

Medium

45

30×			2−	2÷	
3+	4−			72×	
	2÷	5+			2−
2−		2÷	3÷	7+	
	13+				
		6+			6

Medium

46

3−		3÷		144×	
2−		15+	15×	3+	
17+					6+
			1−		
2−		5−	14+	5	1−
	2				

Medium

47

80×		2−	6+		2÷
			3+	2−	
18×	5−				2÷
		60×			
12×			60×		
10+			24×		1

Medium

48

120×	8×		90×		
			2÷	9+	
8+	1−			36×	
		11+			
11+	1−		1		2÷
		20×			

Medium

49

24×			4	2−	12×
2÷		11+			
	2÷		12+		
60×	5+			3÷	11+
	1−	3÷			
		1−		2÷	

Medium

50

2−	2−		2−		1
	15×		11+	2−	2÷
3÷		240×			
			2÷	4−	
3−		8+		2÷	2÷
	6				

Medium

51

20×			3+	2÷	
10+		15+		4−	3÷
	2−				
1−		2	30×		
	18×				9+
3÷			1−		

Medium

52

4−	30×	2÷	3÷	5+	
				11+	
11+	1−		6		2−
		5−	2÷		
12×	6+		3−	1−	
				7+	

Medium

53

15×		1−	3÷		22+
1−					
	20×	15+		11+	
2					3÷
5−	2÷		3−		
	30×			1−	

Difficult

54

60×		3	240×	3÷	
				4−	
2−			1−		13+
6+			11+		
40×		13+			1−
	3				

Difficult

55

3−	144×		6+	20×	6
					10+
6	8+			2÷	
2÷		3−			
2÷		1−	1−	2÷	1−
3−					

Difficult

56

60×		2÷		30×	
	6+				48×
10+		14+		3	
	12×			9+	
3÷		12+	6×		
				4−	

Difficult

57

1−	3−		24×	10+	
	13+				
15+		6×		10×	
	6+			5+	2÷
	3÷		13+		
1				2−	

Difficult

58

1−	4−		1−		6+
	5−	6×			
3		17+		7+	
3÷				48×	
12+		11+	5+		3
				2÷	

Difficult

59

1−		4−		72×	
5−	15+				2−
	2÷	2÷	3−	14+	
1−					
	120×	3÷	3−		
			12×		

Difficult

60

3−		2÷		10×	
13+	2−	15+			2−
		5+	5+		
	3÷		2÷		2−
8+		5	12×		
		4−		3÷	

Difficult

61

2÷		17+	1−		6+
48×				5	
	90×		3−		15+
		6+	2÷		
20×			2÷		
8+			3−		

Difficult

62

60×	3÷	1−		3−	1−
		2÷	7+		
	3−			108×	
12×		13+	2	1−	
			6×		8+
	2÷				

Difficult

63

3÷		1−	150×	3−	
16+					20×
	2÷		7+		
	60×	1		72×	
		30×			
3−			5+		6

Difficult

64

1−		1−	2÷		120×
3÷			2÷		
17+	3−			10+	
		120×		9+	
2÷	1−				
		15+			1

Difficult

65

40×	1	2÷	13+		1−
			11+		
9+				9+	
	15+				1−
6+		15×	5−		
2÷				2÷	

Difficult

66

20×		8+		2÷	
5−		24×		1−	
7+			2÷	10+	4
	7+				
6	8+			60×	
12×		3−			

Difficult

67

3÷		1−		40×	
6×		1−		15+	
12+	2÷		3÷		6×
	1−				
	12+	60×		1	
			3÷		6

Difficult

68

4−	60×		11+		
		5+		2÷	
2−		180×		1−	10×
	9+		12×		
5				24×	
24×			4−		

Difficult

69

90×		6+		4	15+
		12+	5−		
10+			1−		
3−			60×	3÷	
12+				10+	
	2÷				1

Difficult

70

18×	6+			18+	3−
	2÷	15×			
				72×	
1−		9+			6×
2÷	30×			14+	
			2		

Difficult

71

40×		6×	14+	1−	
					150×
15+	2÷		4		
	7+		12×		11+
	30×				
	8+			2÷	

Difficult

72

2−		1−	6×		2÷
6×			2−	2÷	
3−	3−				6×
	1−		60×		
15+					15×
3÷		12×			

Difficult

+
7
x
-
x

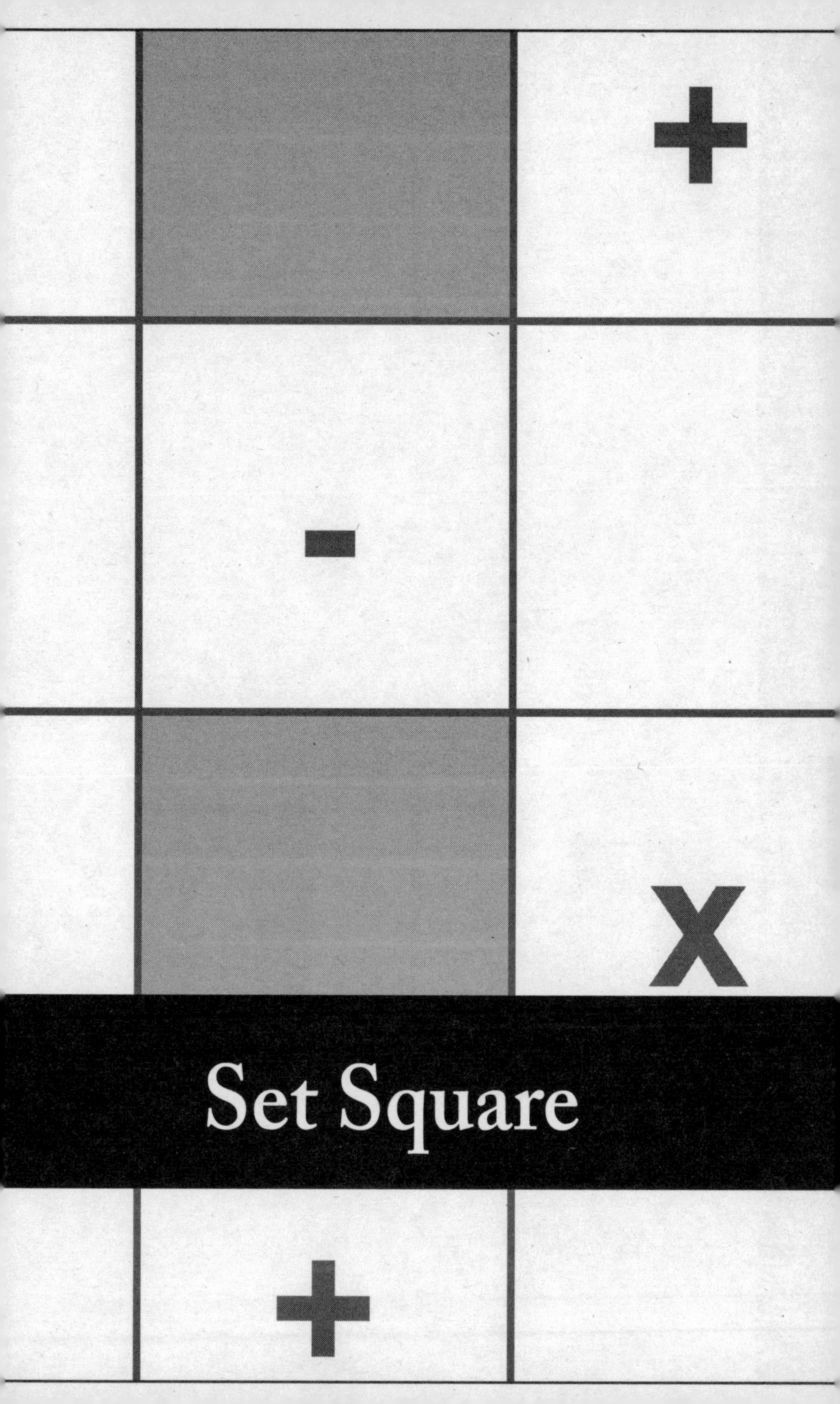
+
-
x
Set Square
+

How to Play

All the digits from 1-9 are used in this grid, but only once.

Can you work out their positions in the grid so that each of the six different sums works? We've put 2 numbers in to help you.

Do the sums left to right and top to bottom.

	x		+	5	= 14
-		-		x	
	x	4	x		= 48
-		+		+	
	-		+		= 2
=		=		=	
4		5		37	

9	x	1	+	5	= 14
-		-		x	
2	x	4	x	6	= 48
-		+		+	
3	-	8	+	7	= 2
=		=		=	
4		5		37	

1

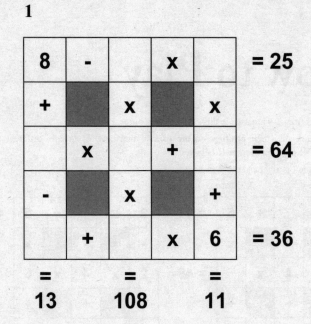

8	-		x		= 25
+		x		x	
	x		+		= 64
-		x		+	
	+		x	6	= 36
=		=		=	
13		108		11	

2

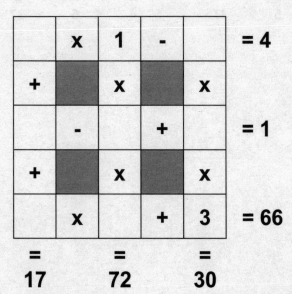

	x	1	-		= 4
+		x		x	
	-		+		= 1
+		x		x	
	x		+	3	= 66
=		=		=	
17		72		30	

3

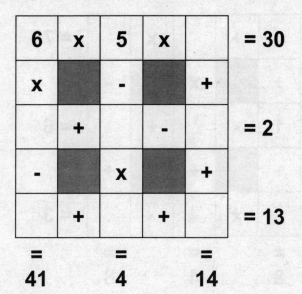

6	x	5	x		= 30
x		-		+	
	+		-		= 2
-		x		+	
	+		+		= 13
=		=		=	
41		4		14	

4

	÷		+	9	= 12
+		x		+	
	x		+		= 47
+		+		+	
	+		÷	6	= 1
=		=		=	
10		12		22	

Brain Trainer | Cell Blocks | Futoshiki | Kakuro | KenKen | Set Square | Suko

5

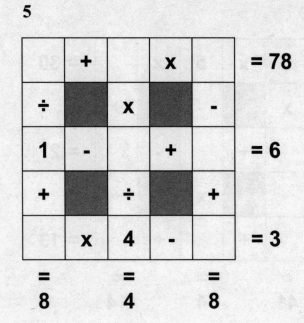

	+		x		= 78
÷	■	x	■	-	
1	-		+		= 6
+	■	÷	■	+	
	x	4	-		= 3
=		=		=	
8		4		8	

6

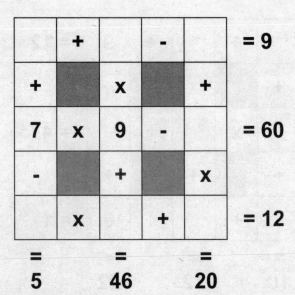

	+		-		= 9
+	■	x	■	+	
7	x	9	-		= 60
-	■	+	■	x	
	x		+		= 12
=		=		=	
5		46		20	

7

	x		-		= 25
-	■	x	■	+	
	x		-	1	= 26
+	■	x	■	x	
	+	2	+		= 13
=		=		=	
4		24		48	

8

	x	4	+		= 11
+	■	+	■	+	
	+		+	7	= 18
÷	■	x	■	x	
	x		x		= 72
=		=		=	
1		81		10	

9

	-		x		= 18
x		+		x	
	x		x		= 288
+		+		+	
7	x	1	-		= 4
=		=		=	
47		7		57	

10

	+		x		= 16
-		x		x	
	x		x	7	= 42
+		+		x	
	x		-	4	= 68
=		=		=	
10		39		56	

11

	x		+		= 34
+	■	x	■	-	
	x		-	5	= 4
÷	■	-	■	+	
8	+		+		= 13
=		=		=	
2		2		4	

12

	x		÷		= 10
+	■	+	■	+	
	+		+		= 23
-	■	-	■	+	
7	+		-	3	= 5
=		=		=	
6		9		14	

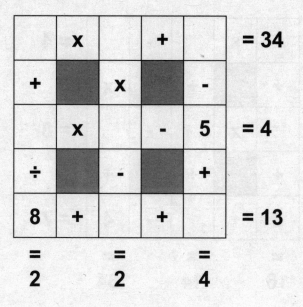

13

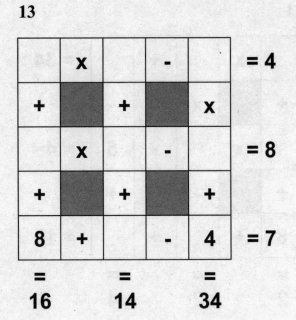

	x		-		= 4
+		+		x	
	x		-		= 8
+		+		+	
8	+		-	4	= 7
=		=		=	
16		14		34	

14

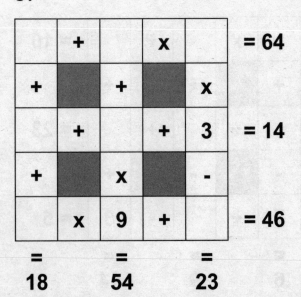

	+		x		= 64
+		+		x	
	+		+	3	= 14
+		x		-	
	x	9	+		= 46
=		=		=	
18		54		23	

15

	x		x		= 160
x		x		÷	
3	+	6	x		= 18
+		-		÷	
	+		-		= 15
=		=		=	
22		15		4	

16

	+		x	7	= 105
+		+		x	
5	x		-		= 18
x		+		+	
	÷		x		= 24
=		=		=	
88		14		17	

Brain Trainer | Cell Blocks | Futoshiki | Kakuro | KenKen | **Set Square** | Suko

17

8	x		-		= 65
÷		x		-	
	x		x		= 24
x		x		x	
	x		+	6	= 11
=		=		=	
2		90		24	

18

	x	4	+		= 30
-		-		x	
1	+		÷		= 2
÷		+		-	
	+		-		= 5
=		=		=	
2		3		4	

19

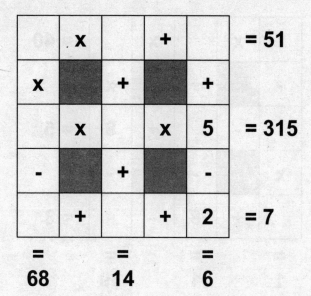

	x		+		= 51
x		+		+	
	x		x	5	= 315
-		+		-	
	+		+	2	= 7
=		=		=	
68		14		6	

20

	x		-		= 52
-		-		x	
	+		÷		= 3
-		x		x	
1	x	7	+		= 15
=		=		=	
4		7		48	

21

	x		x		= 40
-		+		x	
	-		+	9	= 5
x		-		-	
	+	8	-		= 3
=		=		=	
1		1		39	

22

	x	5	-		= 2
x		x		x	
	+		-		= 10
+		x		-	
3	x		-		= 11
=		=		=	
21		140		47	

23

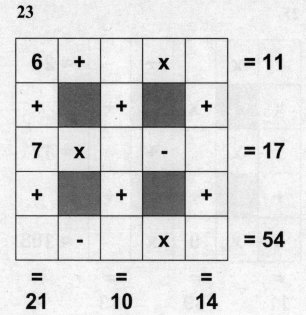

6	+		x		= 11
+		+		+	
7	x		-		= 17
+		+		+	
	-		x		= 54
=		=		=	
21		10		14	

24

	-	7	+		= 1
x		+		x	
	÷		÷	1	= 2
x		+		x	
	x		x		= 432
=		=		=	
108		17		30	

25

	x		÷		= 24
x		x		+	
	x		+		= 12
+		+		+	
3	x	9	x		= 108
=		=		=	
11		39		13	

26

	x		-		= 6
+		x		x	
6	-		+		= 5
+		+		x	
	+	8	x		= 70
=		=		=	
17		13		84	

27

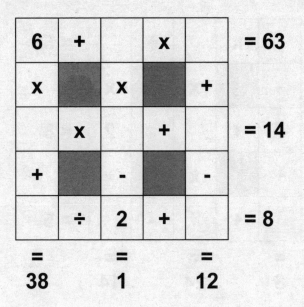

6	+		x		= 63
x		x		+	
	x		+		= 14
+		-		-	
	÷	2	+		= 8
=		=		=	
38		1		12	

28

	+	8	÷		= 6
+		+		x	
5	x		-		= 6
-		-		-	
	÷		x		= 42
=		=		=	
3		10		11	

Brain Trainer | Cell Blocks | Futoshiki | Kakuro | KenKen | Set Square | Suko

29

	x		+		= 53
-		x		x	
7	+		-	2	= 8
+		x		+	
	÷		-		= 5
=		=		=	
8		24		14	

30

	+	8	x		= 117
-		x		-	
	+		+		= 13
x		x		÷	
	-	3	+		= 4
=		=		=	
18		96		2	

31

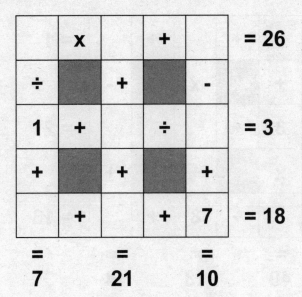

	x		+		= 26
÷	■	+	■	-	
1	+		÷		= 3
+	■	+	■	+	
	+		+	7	= 18
=		=		=	
7		21		10	

32

	+	3	+		= 12
-	■	x	■	x	
	x		+		= 13
+	■	+	■	+	
	+		-	8	= 3
=		=		=	
1		12		36	

Brain Trainer | Cell Blocks | Futoshiki | Kakuro | KenKen | Set Square | Suko

Brain Trainer | Cell Blocks | Futoshiki | Kakuro | KenKen | Set Square | Suko

33

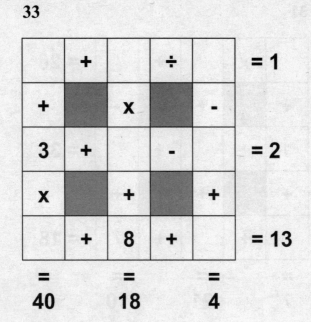

	+		÷		= 1
+	■	x	■	-	
3	+		-		= 2
x	■	+	■	+	
	+	8	+		= 13
=		=		=	
40		18		4	

34

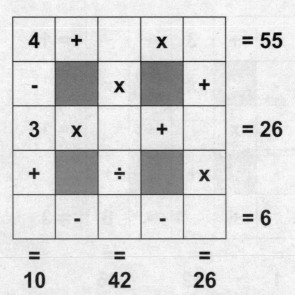

4	+		x		= 55
-	■	x	■	+	
3	x		+		= 26
+	■	÷	■	x	
	-		-		= 6
=		=		=	
10		42		26	

35

	-	6	+		= 3
x		x		x	
	x		x	9	= 180
+		+		÷	
	+		x		= 27
=		=		=	
39		32		3	

36

	-		+		= 9
+		-		x	
	x	1	-	2	= 4
-		x		-	
	+		+		= 21
=		=		=	
7		16		5	

37

	x		÷		= 72
+		-		+	
3	x	7	+		= 27
x		x		x	
	+		+		= 11
=		=		=	
24		4		35	

38

	+		+		= 23
-		÷		+	
	÷		x		= 35
+		+		x	
2	x		x	3	= 24
=		=		=	
1		13		39	

39

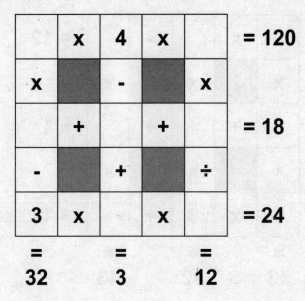

	x	4	x		= 120
x		-		x	
	+		+		= 18
-		+		÷	
3	x		x		= 24
=		=		=	
32		3		12	

40

	x		-		= 31
+		-		+	
	x		÷		= 4
x		+		x	
8	x	7	+		= 57
=		=		=	
120		9		8	

41

	x		-		= 12
x	■	x	■	x	
1	+		÷		= 1
+	■	x	■	-	
	x	3	+		= 17
=		=		=	
13		42		43	

42

	+		x	3	= 27
x	■	+	■	+	
9	-		+		= 15
-	■	+	■	÷	
	+		÷		= 13
=		=		=	
29		13		11	

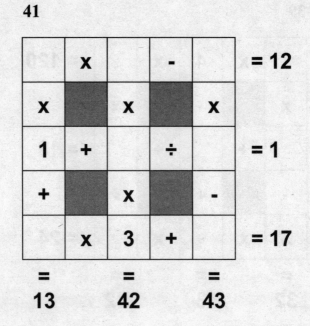

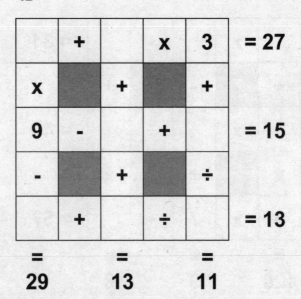

43

	x		+		= 44
+		x		-	
	+		x		= 12
-		x		x	
	x	5	÷	4	= 10
=		=		=	
8		90		4	

44

	+	8	x		= 68
-		÷		x	
	x		x	1	= 10
x		+		-	
	x		-		= 39
=		=		=	
24		11		1	

45

	+		+	2	= 9
+		x		+	
	x		x		= 60
+		-		+	
	x		+	9	= 65
=		=		=	
12		17		16	

46

	x		-		= 13
x		x		x	
	+	8	+	6	= 23
+		+		-	
	-		+		= 6
=		=		=	
22		59		1	

47

	x		÷		= 24
x		x		-	
	+		+	2	= 12
+		+		÷	
	x		x	1	= 35
=		=		=	
39		59		1	

48

	÷		x		= 32
-		+		x	
	+	6	+		= 14
+		x		÷	
	+	9	÷		= 8
=		=		=	
8		63		20	

49

	x	9	-		= 2
x	■	-	■	-	
	-		+		= 11
+	■	-	■	+	
2	+		x		= 28
=		=		=	
8		1		3	

50

	x		-	7	= 23
+	■	-	■	x	
	-		÷		= 1
+	■	x	■	+	
	+	2	+		= 19
=		=		=	
19		4		15	

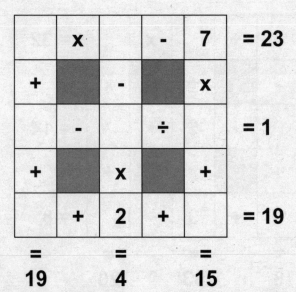

51

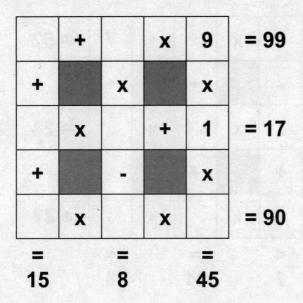

	+		x	9	= 99
+	■	x	■	x	
	x		+	1	= 17
+	■	-	■	x	
	x		x		= 90
=		=		=	
15		8		45	

52

	x		+	5	= 29
+	■	÷	■	x	
	x	2	+		= 17
x	■	+	■	+	
	÷		+		= 17
=		=		=	
99		4		23	

53

5	x		+	7	= 52
-		÷		+	
	x		x		= 24
+		+		-	
	x		-		= 47
=		=		=	
7		11		8	

54

	x	5	x		= 60
-		x		+	
	+	7	x		= 54
x		x		+	
	+		x		= 17
=		=		=	
18		280		10	

55

	x	7	-		= 29
-		x		x	
4	+		x		= 39
+		x		+	
	x		+		= 17
=		=		=	
3		504		19	

56

	x		-		= 5
+		-		÷	
7	-	3	+		= 6
÷		+		x	
	+		+		= 19
=		=		=	
2		3		12	

57

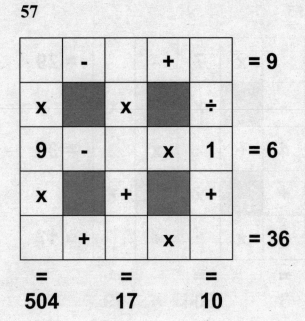

	-		+		= 9
x		x		÷	
9	-		x	1	= 6
x		+		+	
	+		x		= 36
=		=		=	
504		17		10	

58

	x		-	6	= 29
x		x		x	
	+	4	x		= 15
x		+		+	
	+		+		= 19
=		=		=	
63		22		26	

59

	+		x		= 40
+		x		-	
	-		+		= 4
+		+		x	
	x	1	x	7	= 63
=		=		=	
23		11		7	

60

	+		÷		= 9
+		+		x	
8	-		x		= 8
+		-		x	
	+	5	x		= 108
=		=		=	
18		5		18	

61

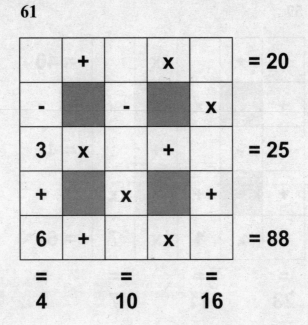

	+		x		= 20
-		-		x	
3	x		+		= 25
+		x		+	
6	+		x		= 88
=		=		=	
4		10		16	

62

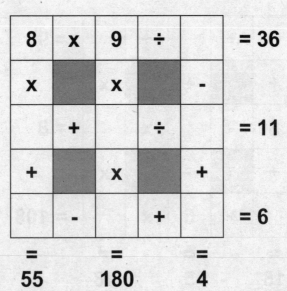

8	x	9	÷		= 36
x		x		-	
	+		÷		= 11
+		x		+	
	-		+		= 6
=		=		=	
55		180		4	

63

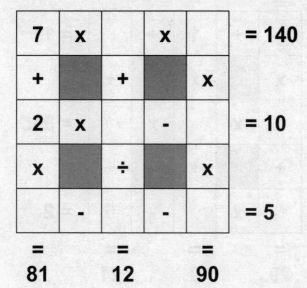

7	x		x		= 140
+		+		x	
2	x		-		= 10
x		÷		x	
	-		-		= 5
=		=		=	
81		12		90	

64

4	x		-		= 29
x		-		x	
7	-		x		= 2
x		+		-	
	-		-		= 3
=		=		=	
252		7		5	

65

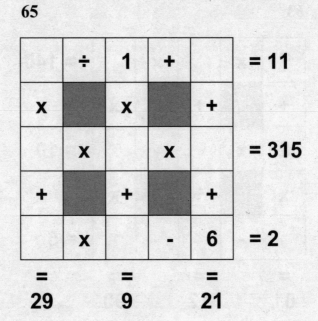

	÷	1	+		= 11
x		x		+	
	x		x		= 315
+		+		+	
	x		-	6	= 2
=		=		=	
29		9		21	

66

	x	7	x	5	= 105
x		+		-	
	x		+		= 20
+		+		+	
	+		-		= 14
=		=		=	
12		24		2	

67

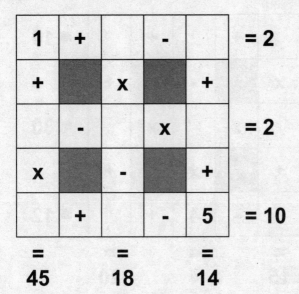

1	+		-		= 2
+		x		+	
	-		x		= 2
x		-		+	
	+		-	5	= 10
=		=		=	
45		18		14	

68

	x		+		= 19
÷		x		+	
	-	3	+		= 6
x		+		x	
	x	6	-		= 38
=		=		=	
14		21		68	

69

	+		+		= 10
x		-		+	
	x		x		= 80
+		x		+	
7	-	4	+		= 12

= 15 = 4 = 20

70

	x	4	+		= 21
-		x		+	
	x		+		= 8
x		x		-	
	+	5	+		= 20

= 14 = 40 = 7

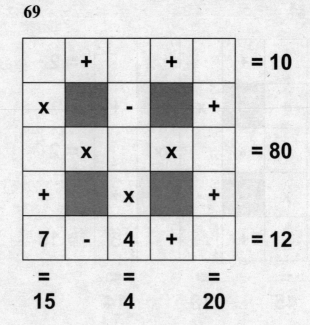

71

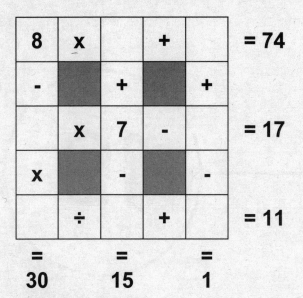

8	x		+		= 74
-		+		+	
	x	7	-		= 17
x		-		-	
	÷		+		= 11
=		=		=	
30		15		1	

72

	-		+		= 1
x		x		x	
	+	5	x		= 18
x		-		+	
	+	9	÷		= 16
=		=		=	
168		31		7	

19
17

21
24
Suko

How to Play

Place the numbers 1 to 9 in the spaces so that the number in each circle is equal to the sum of the four surrounding spaces, and each colour total is correct.

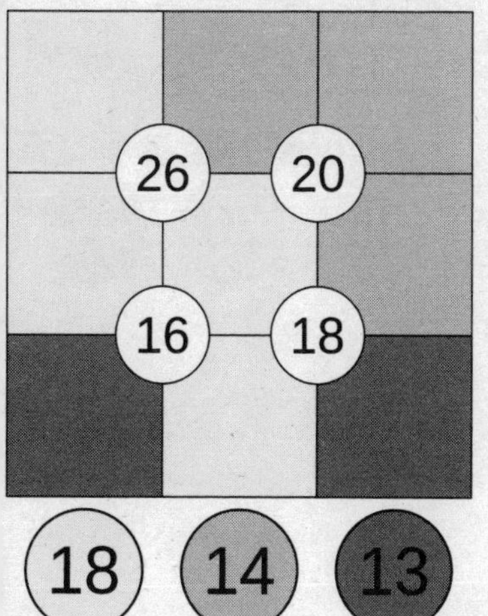

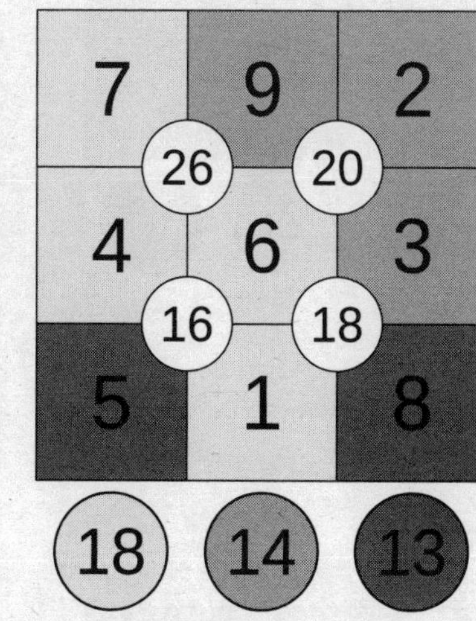

1

14
21
15
16
10
21
14

2

18
17
22
17
15
20
10

3

22
17
15
21
16
15
14

4

19
21
17
24
9
23
13

5

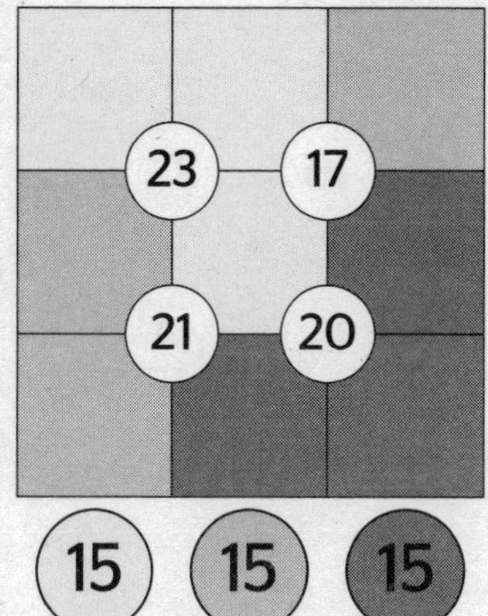
23
17
21
20
15
15
15

6

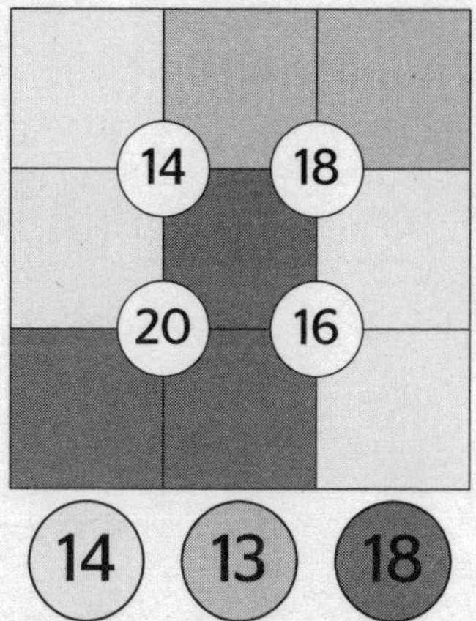
14
18
20
16
14
13
18

7

19
20
19
12
13
17
15

8

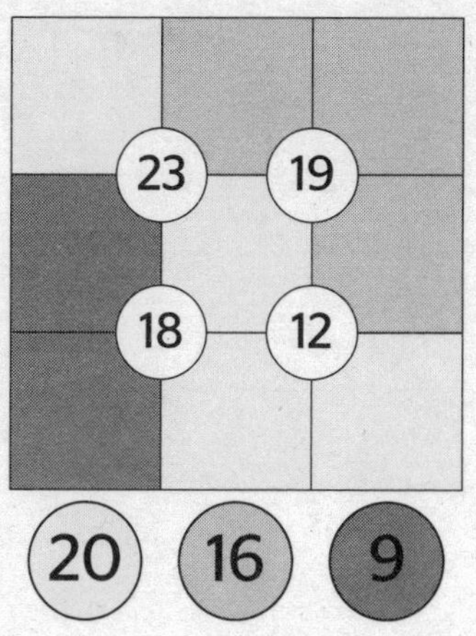
23
19
18
12
20
16
9

9

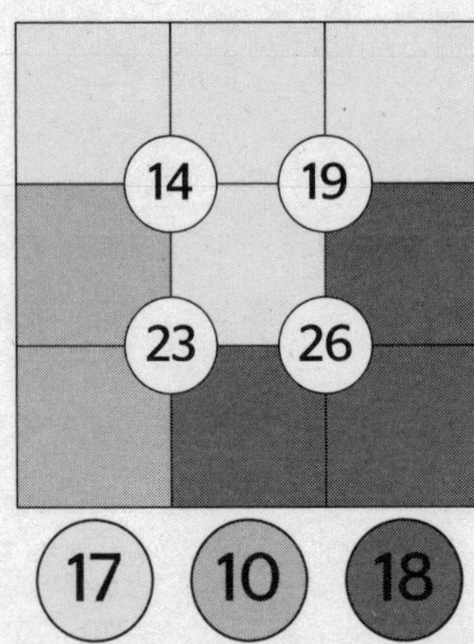
14
19
23
26
17
10
18

10

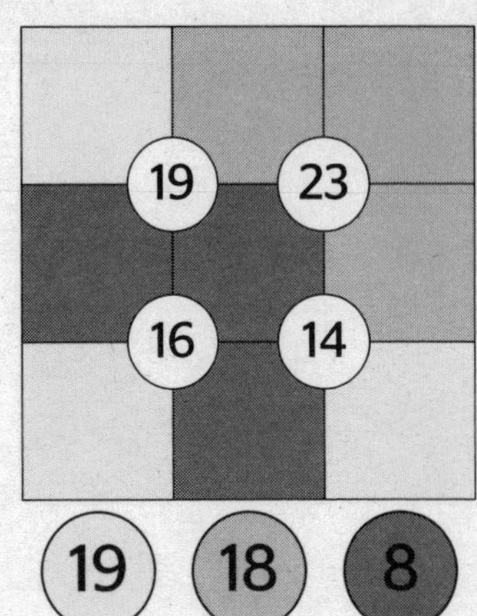
19
23
16
14
19
18
8

11

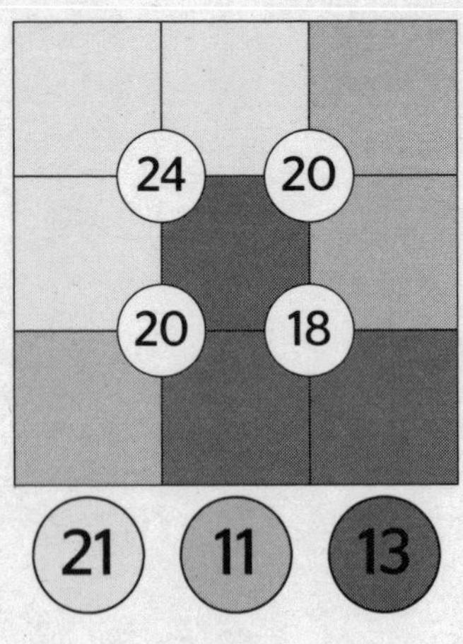
24
20
20
18
21
11
13

12

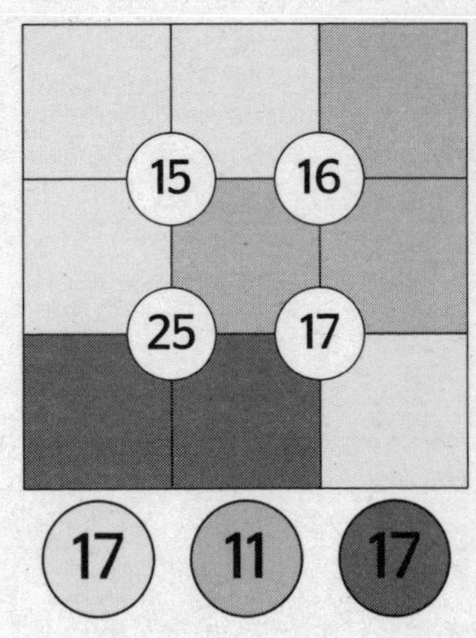
15
16
25
17
17
11
17

13

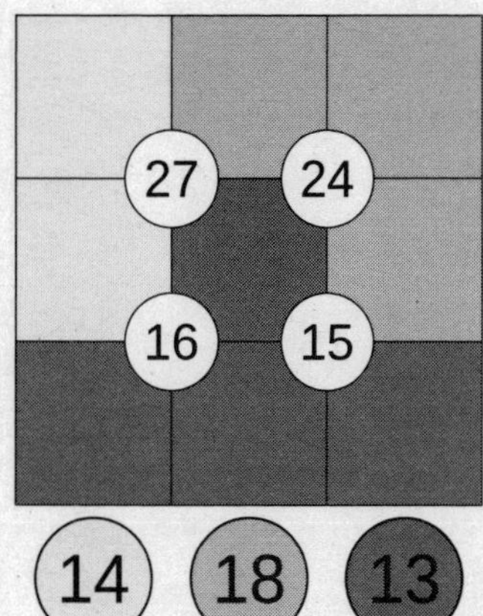

27
24
16
15
14
18
13

14

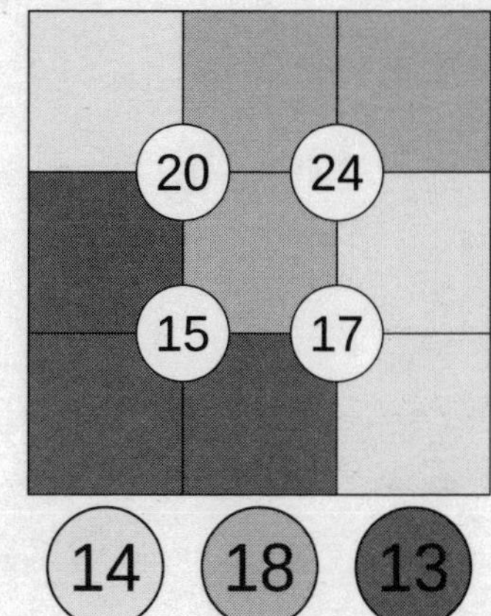

20
24
15
17
14
18
13

15

17
13
19
23
22
11
12

16

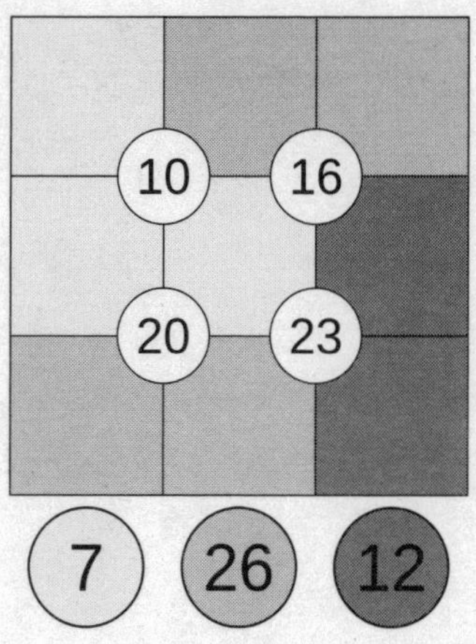

10
16
20
23
7
26
12

Brain Trainer | Cell Blocks | Futoshiki | Kakuro | KenKen | Set Square | Suko

17

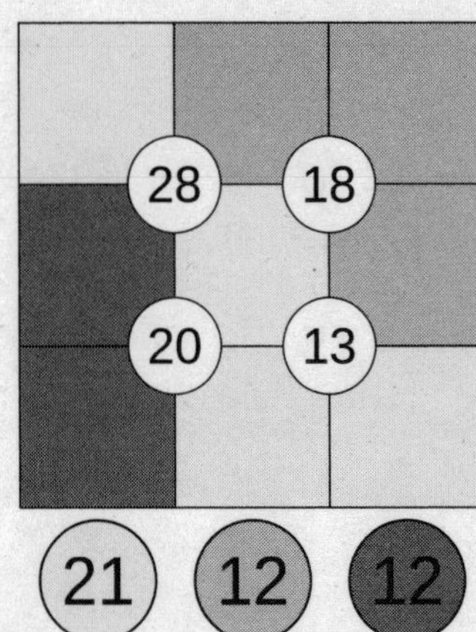

18

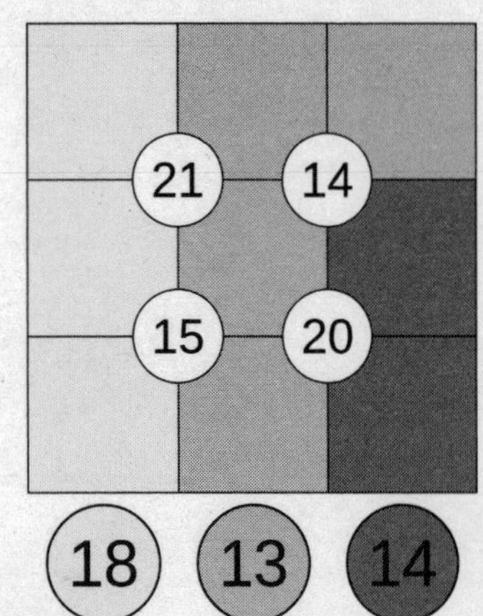

19

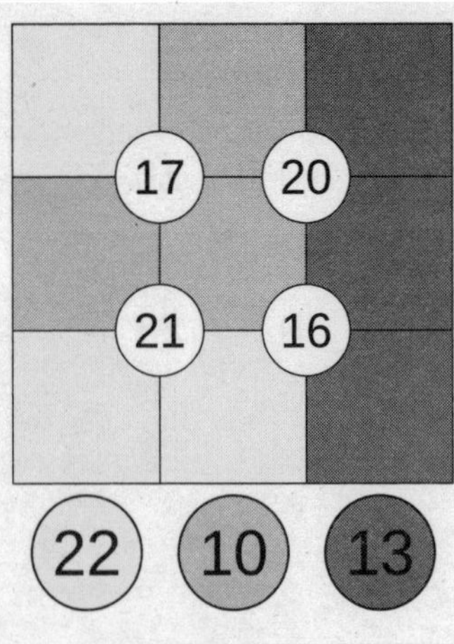

20

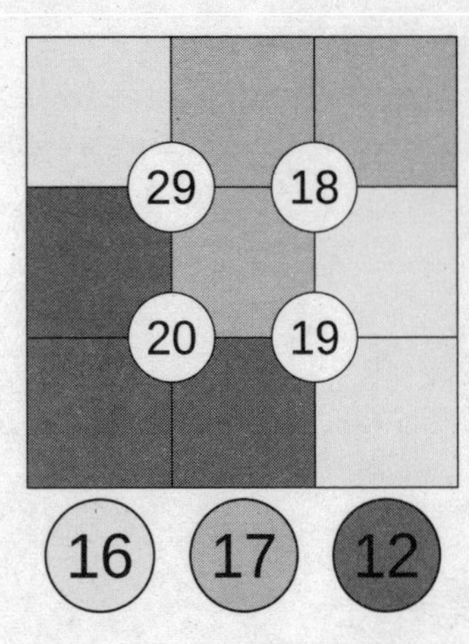

21

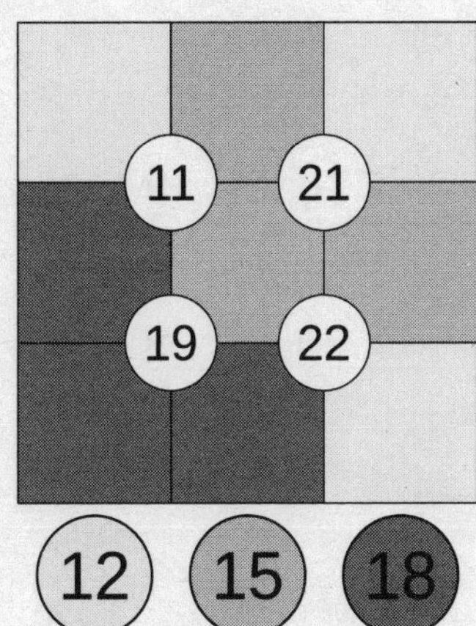
11
21
19
22
12
15
18

22

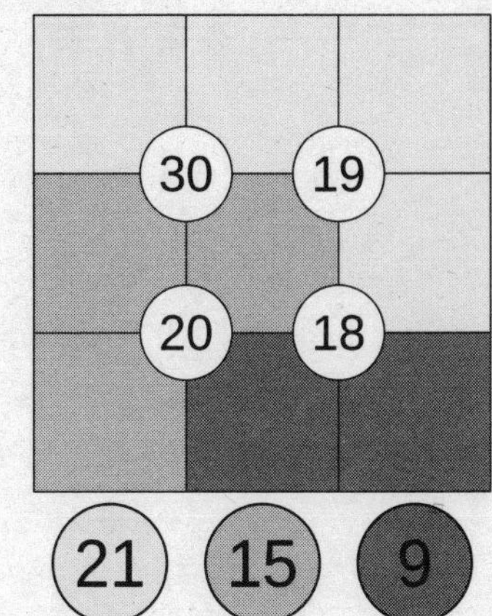
30
19
20
18
21
15
9

23

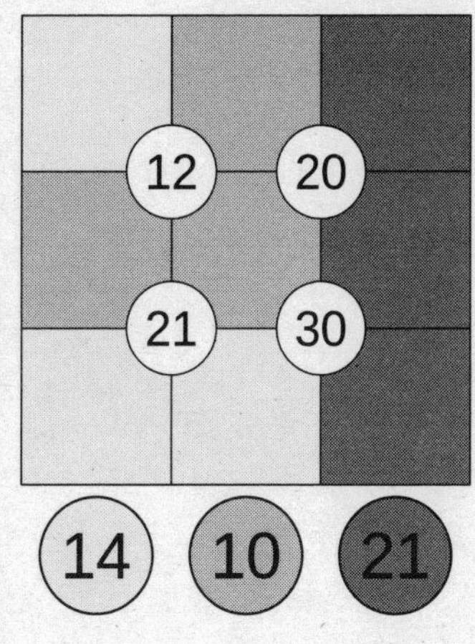
12
20
21
30
14
10
21

24

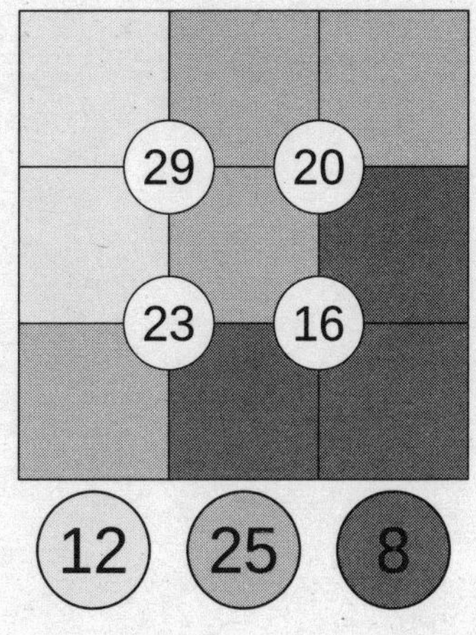
29
20
23
16
12
25
8

25

13
15
17
21
10
19
16

26

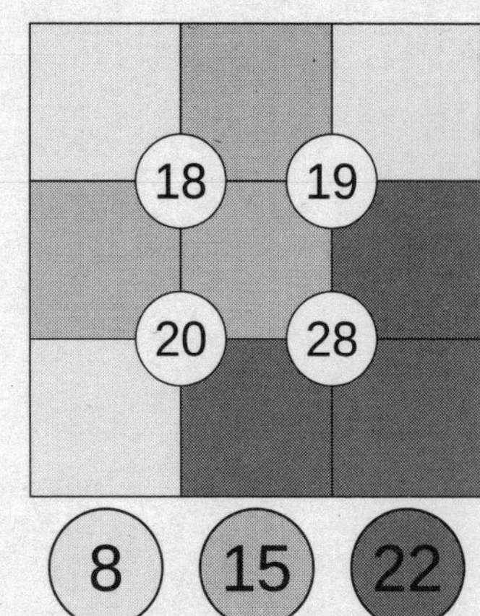
18
19
20
28
8
15
22

27

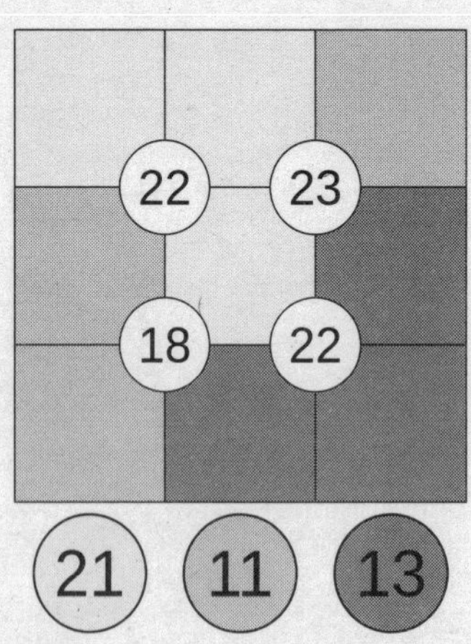
22
23
18
22
21
11
13

28

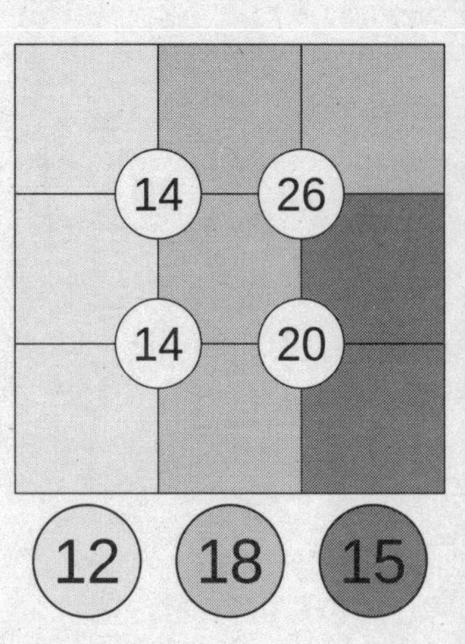
14
26
14
20
12
18
15

29

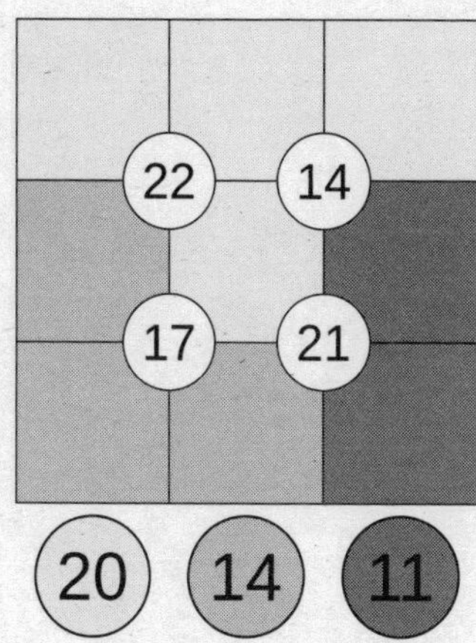
22
14
17
21
20
14
11

30

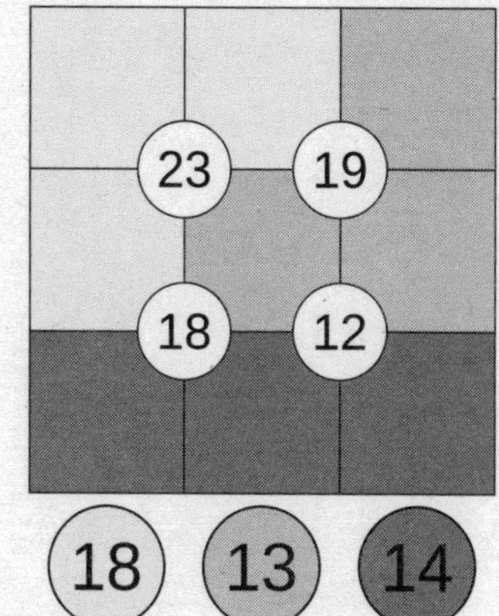
23
19
18
12
18
13
14

31

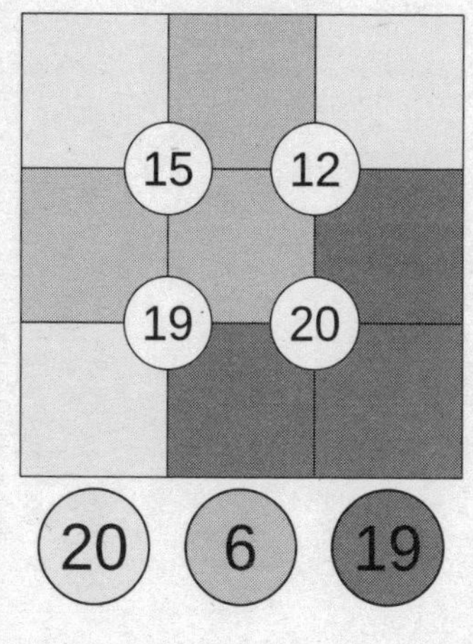
15
12
19
20
20
6
19

32

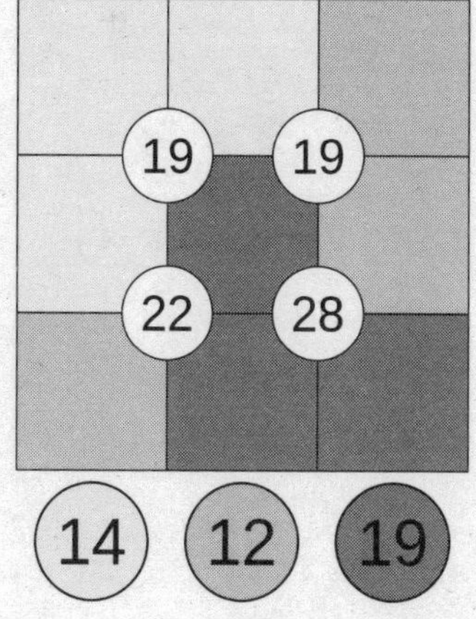
19
19
22
28
14
12
19

33

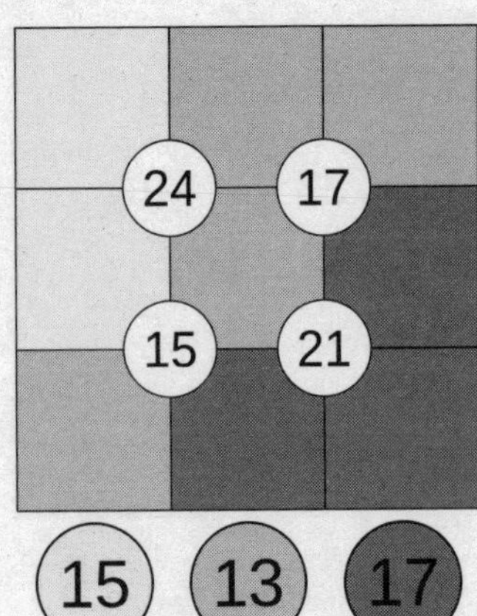
24
17
15
21
15
13
17

34

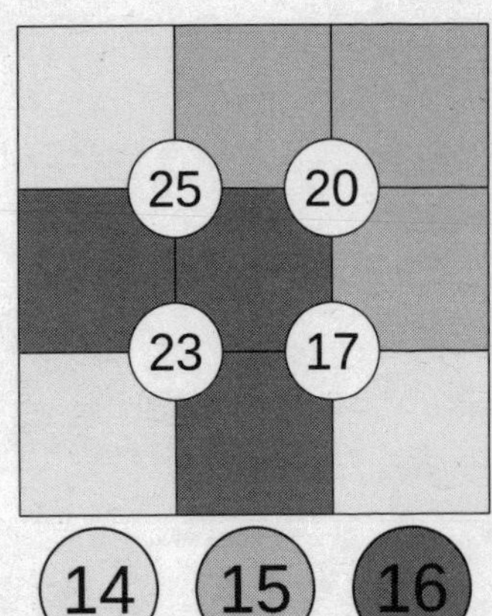
25
20
23
17
14
15
16

35

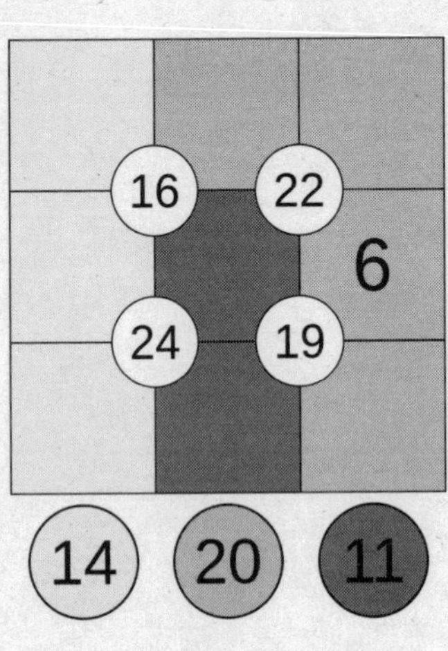
16
22
6
24
19
14
20
11

36

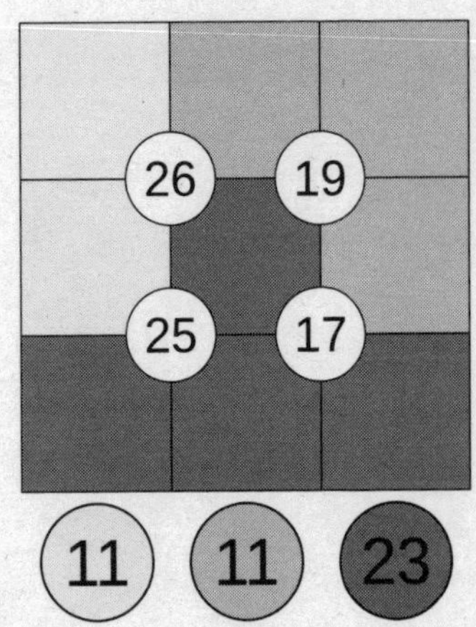
26
19
25
17
11
11
23

37

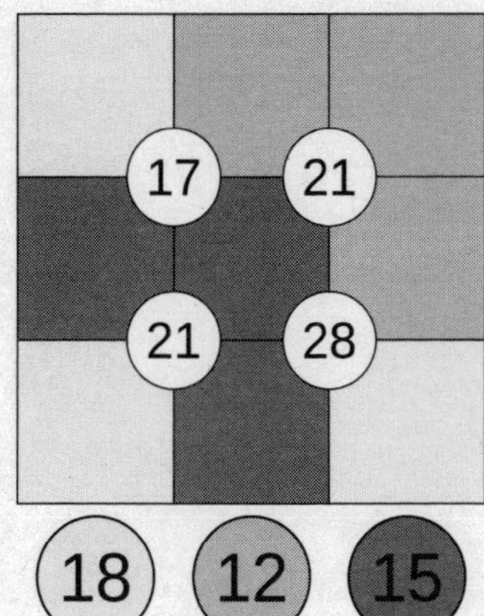
17
21
21
28
18
12
15

38

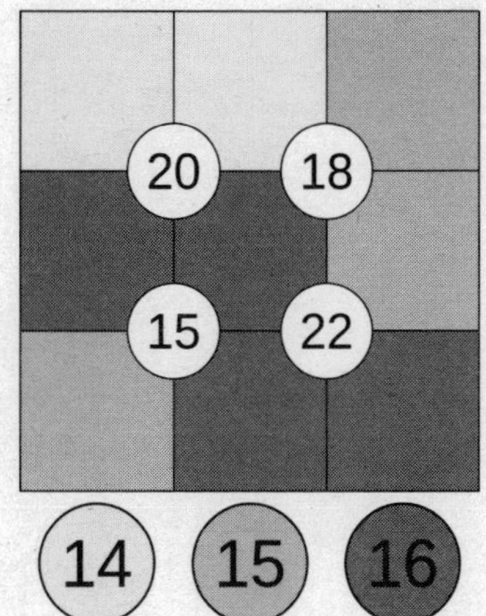
20
18
15
22
14
15
16

39

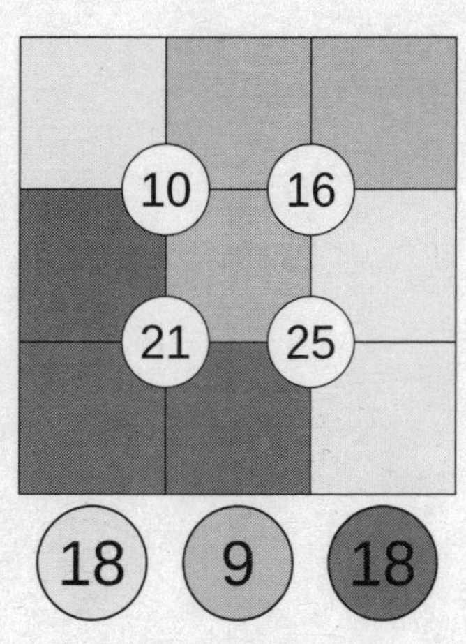
10
16
21
25
18
9
18

40

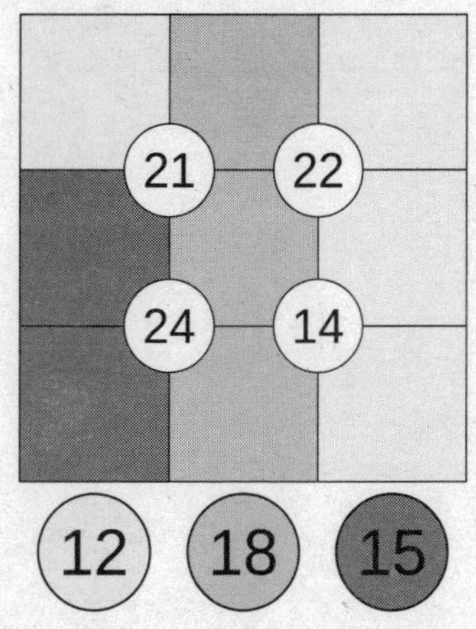
21
22
24
14
12
18
15

41

27
19
23
14
15
21
9

42

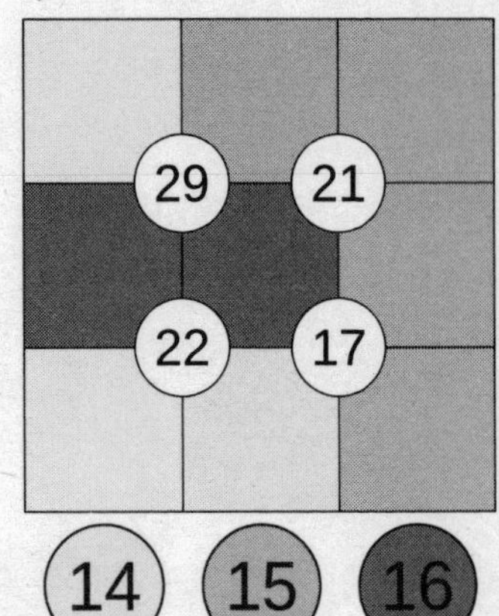
29
21
22
17
14
15
16

43

12
15
20
22
14
14
17

44

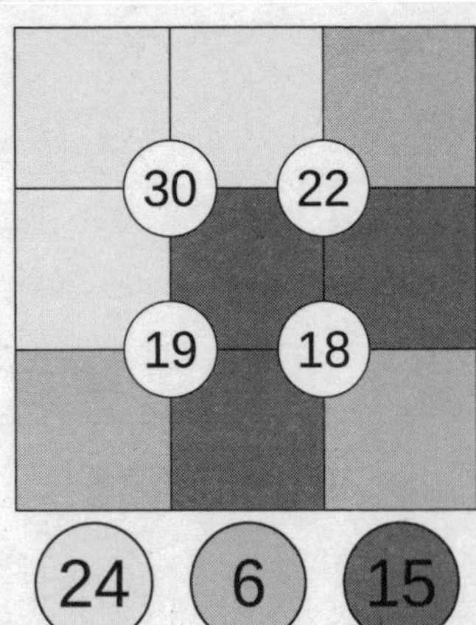
30
22
19
18
24
6
15

45

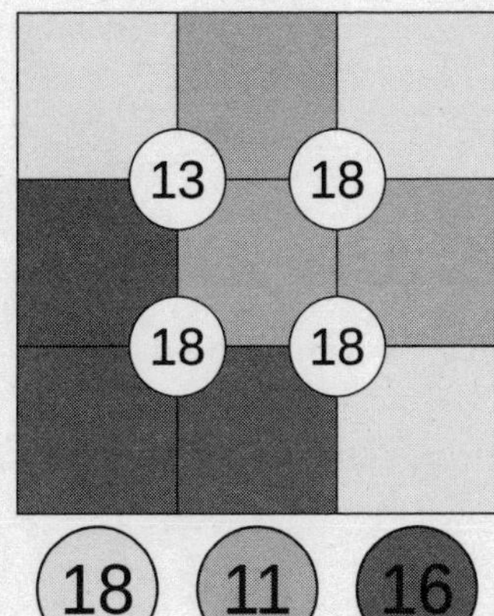
13
18
18
18
18
11
16

46

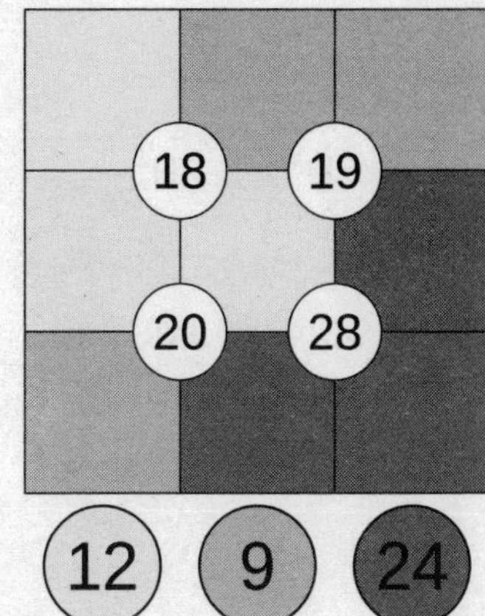
18
19
20
28
12
9
24

47

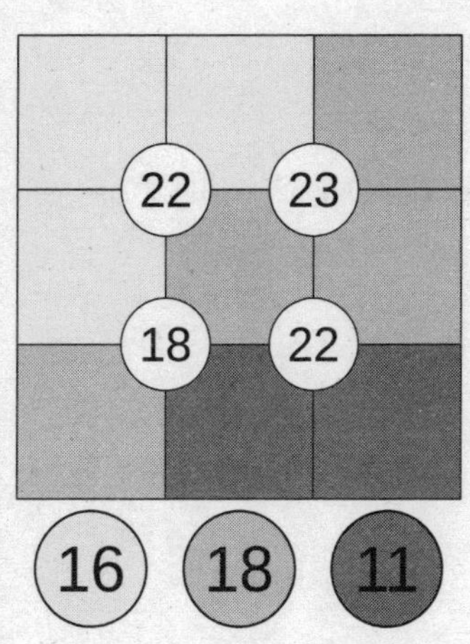
22
23
18
22
16
18
11

48

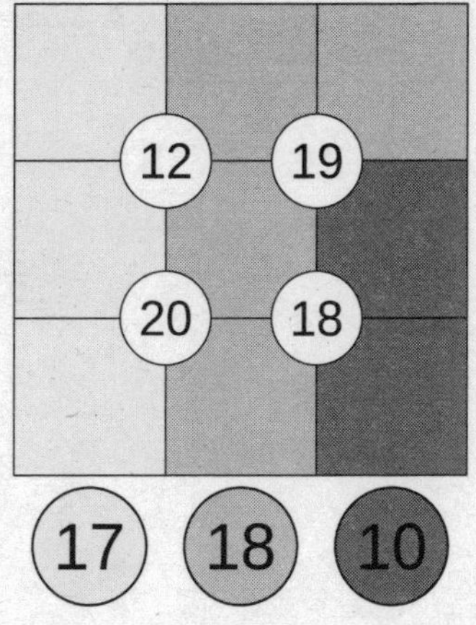
12
19
20
18
17
18
10

49

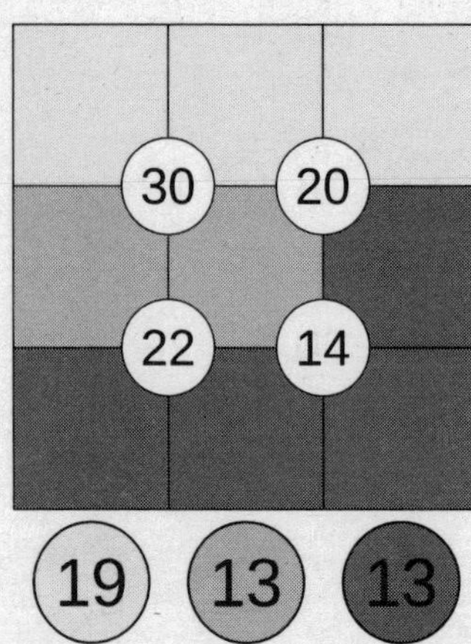
30
20
22
14
19
13
13

50

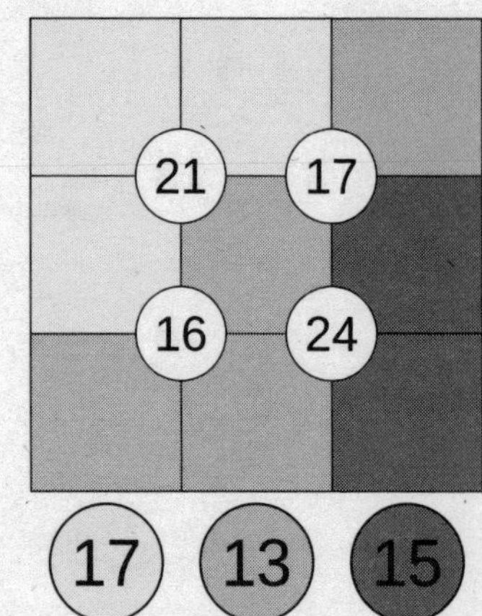
21
17
16
24
17
13
15

51

12
18
24
21
12
14
19

52

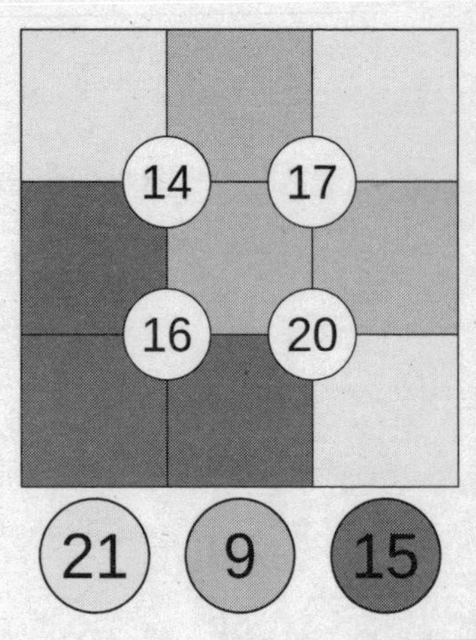
14
17
16
20
21
9
15

53

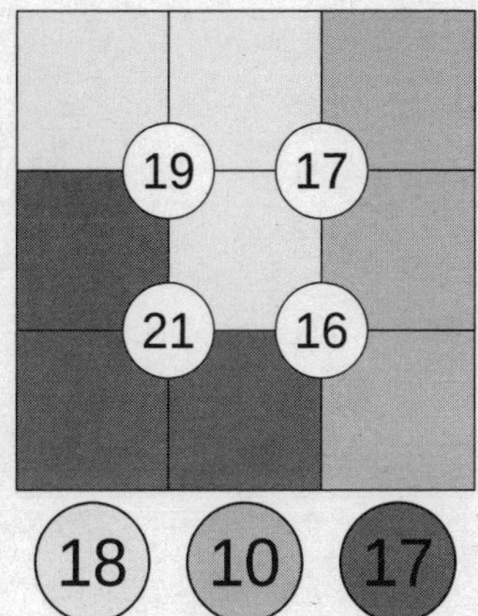
19
17
21
16
18
10
17

54

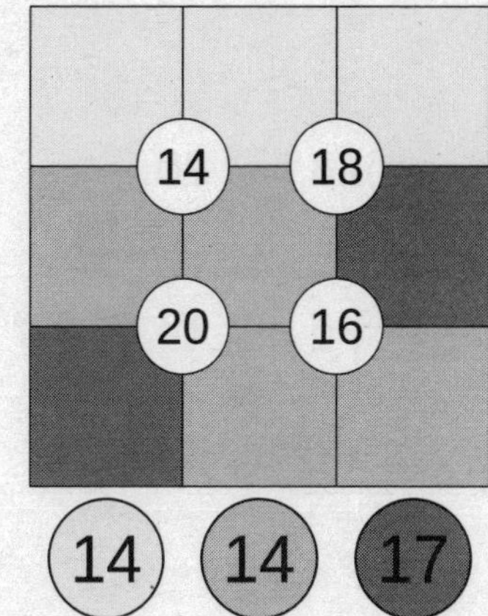
14
18
20
16
14
14
17

55

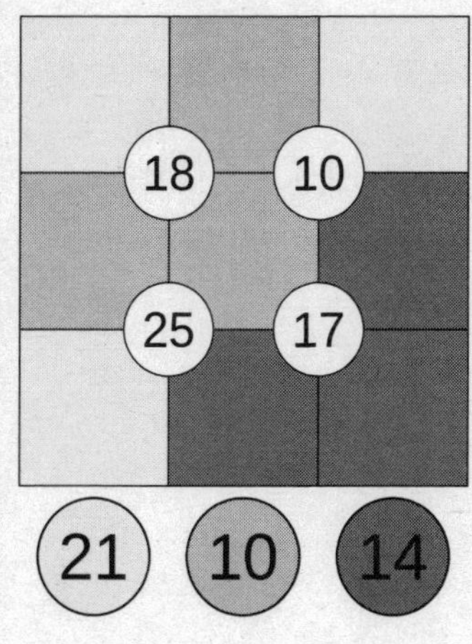
18
10
25
17
21
10
14

56

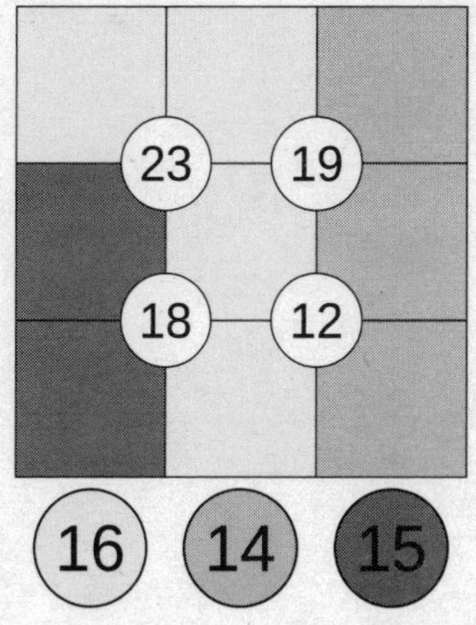
23
19
18
12
16
14
15

57

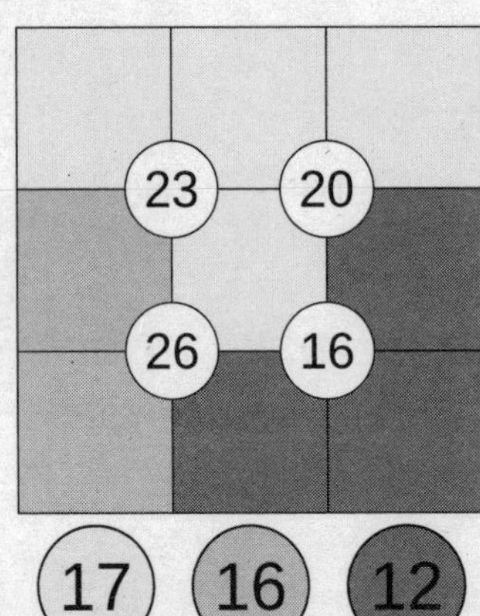
23
20
26
16
17
16
12

58

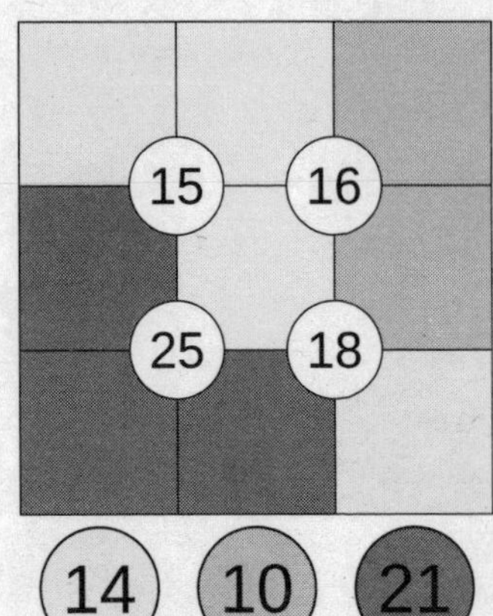
15
16
25
18
14
10
21

59

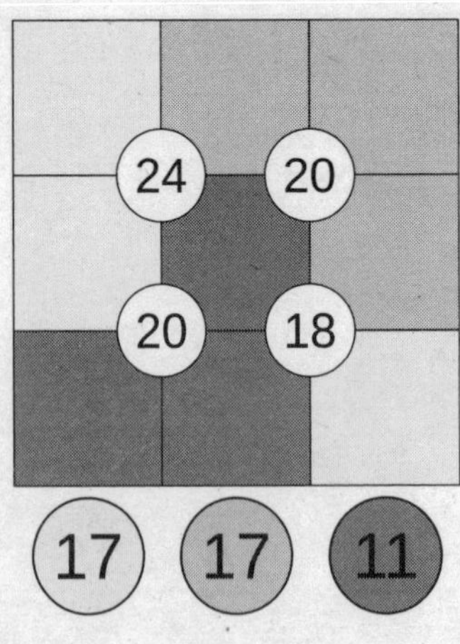
24
20
20
18
17
17
11

60

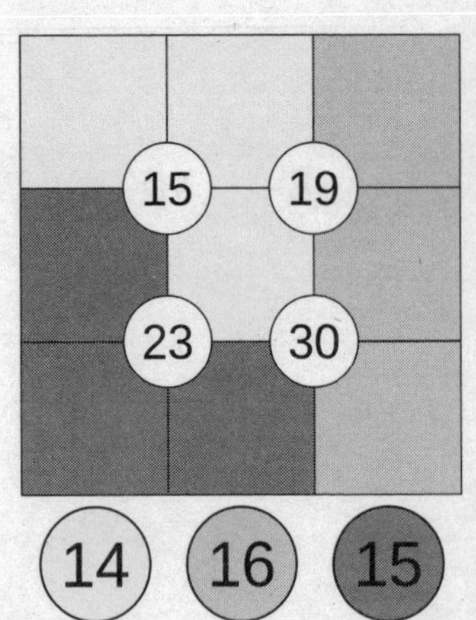
15
19
23
30
14
16
15

61

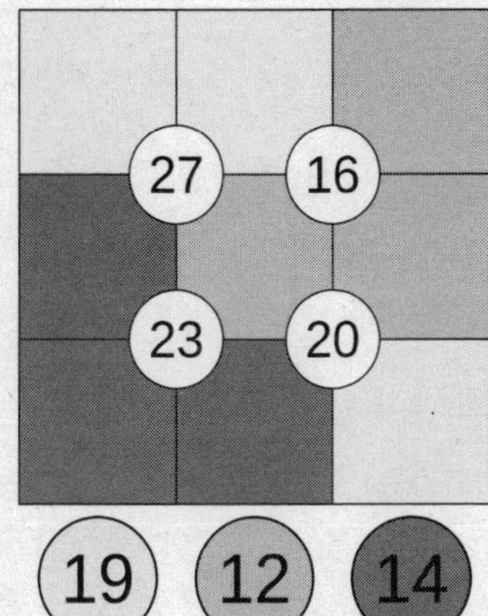
27
16
23
20
19
12
14

62

17
19
22
13
12
12
21

63

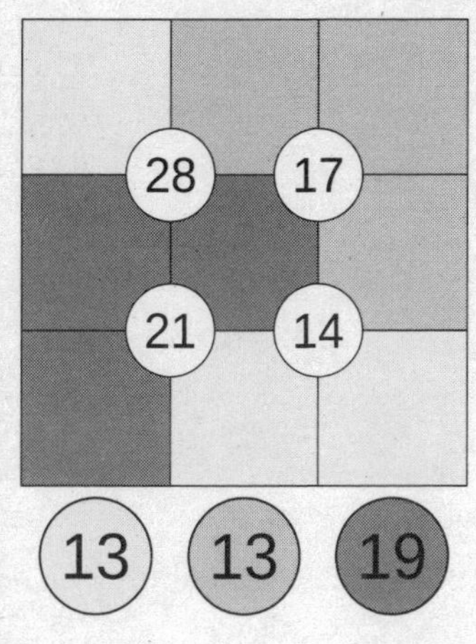
28
17
21
14
13
13
19

64

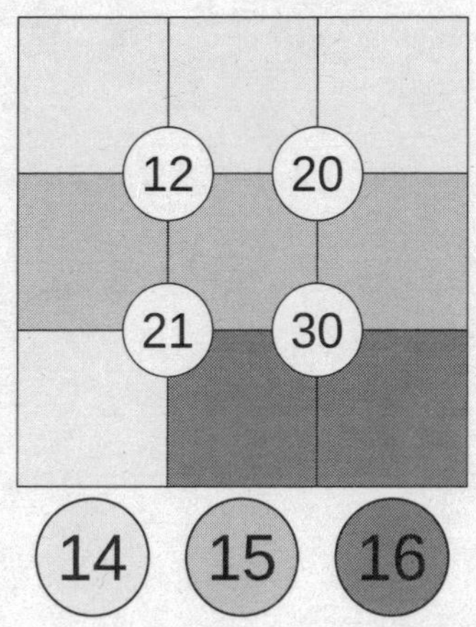
12
20
21
30
14
15
16

65

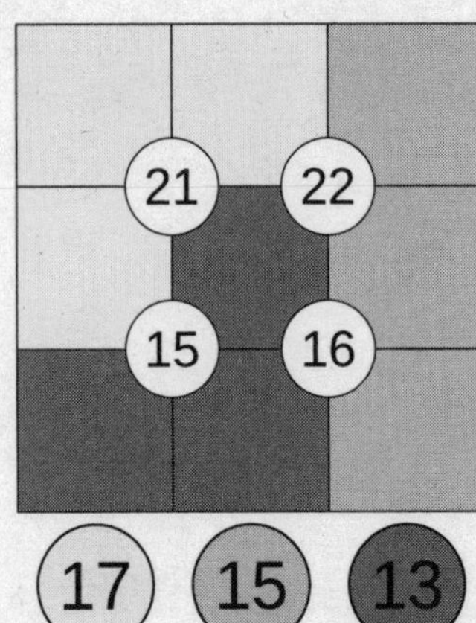
21
22
15
16
17
15
13

66

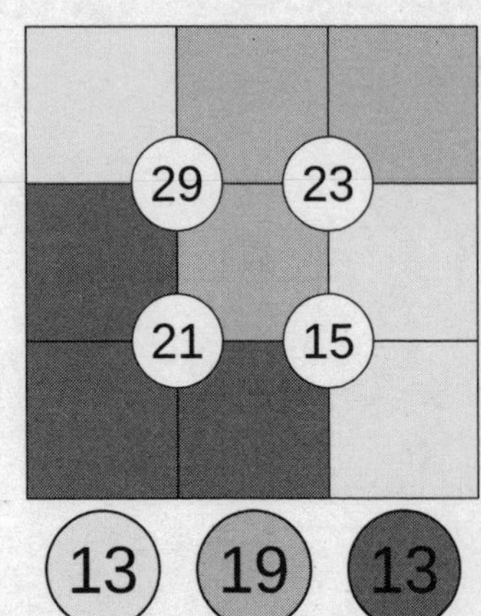
29
23
21
15
13
19
13

67

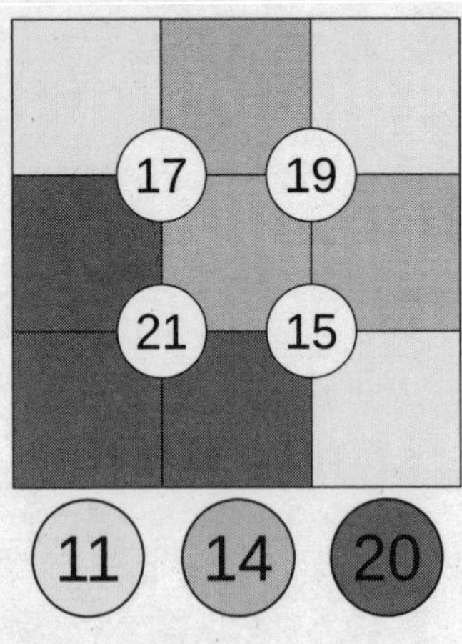
17
19
21
15
11
14
20

68

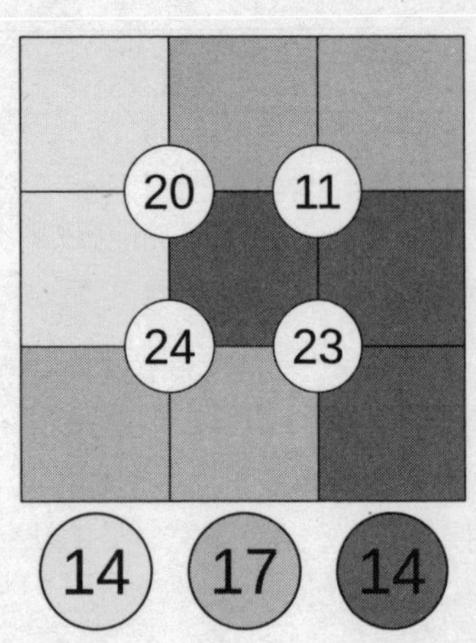
20
11
24
23
14
17
14

69

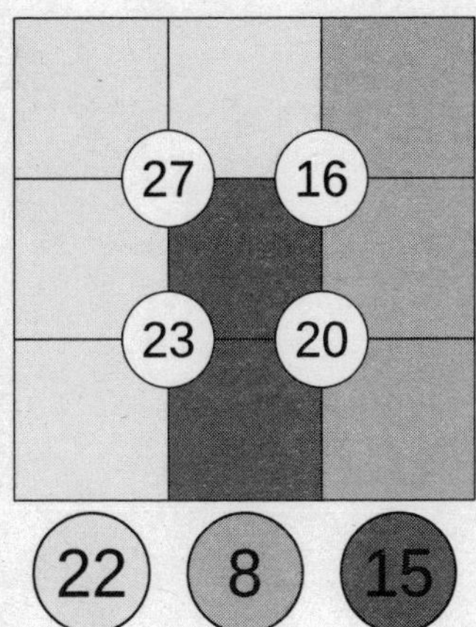
27
16
23
20
22
8
15

70

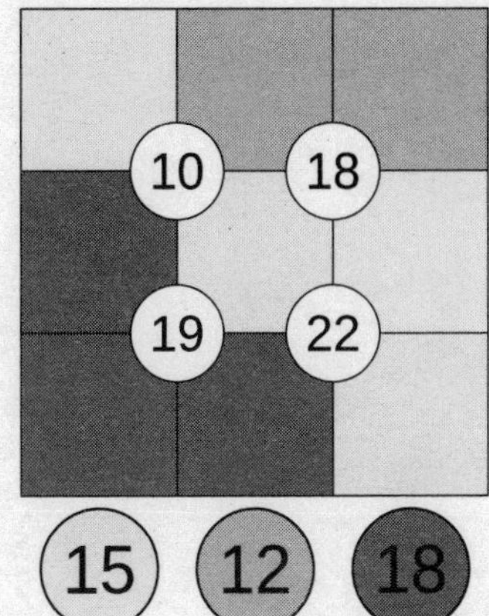
10
18
19
22
15
12
18

71

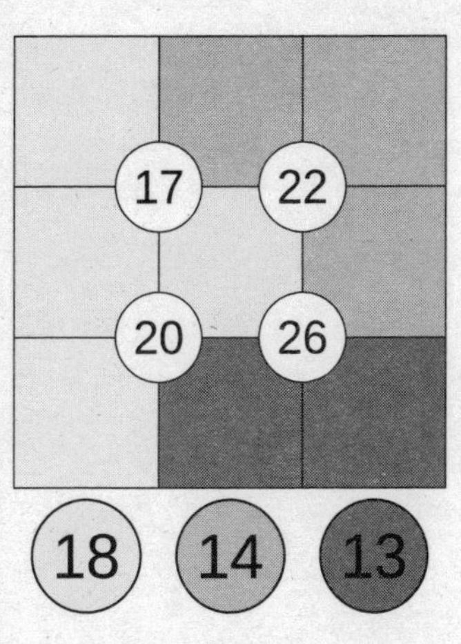
17
22
20
26
18
14
13

72

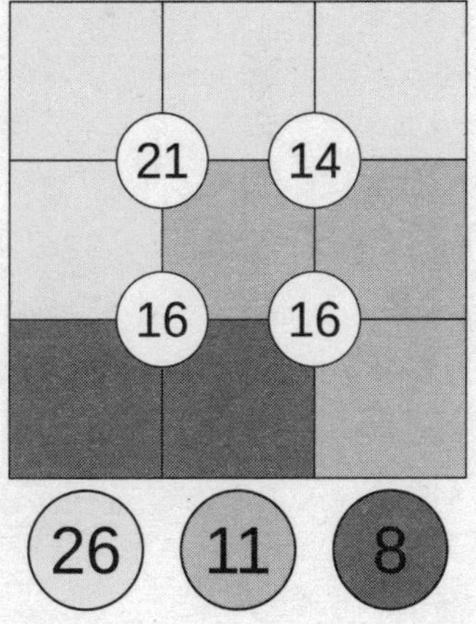
21
14
16
16
26
11
8

73

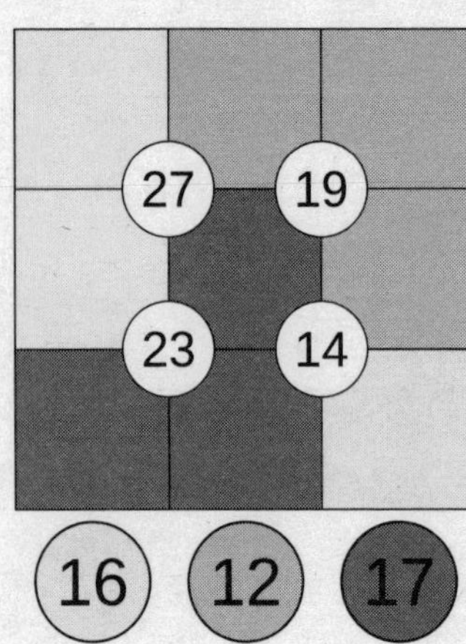
27
19
23
14
16
12
17

74

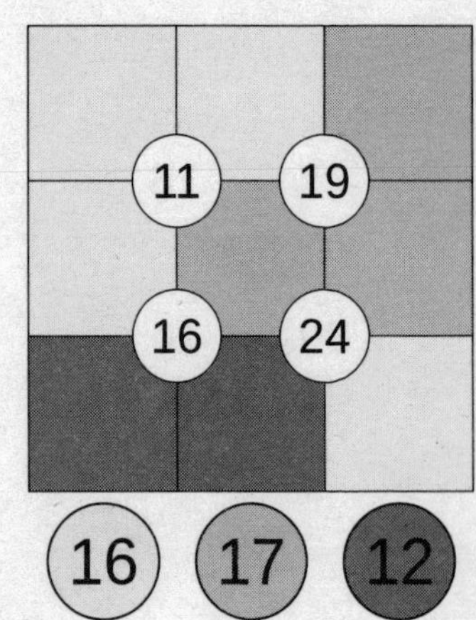
11
19
16
24
16
17
12

75

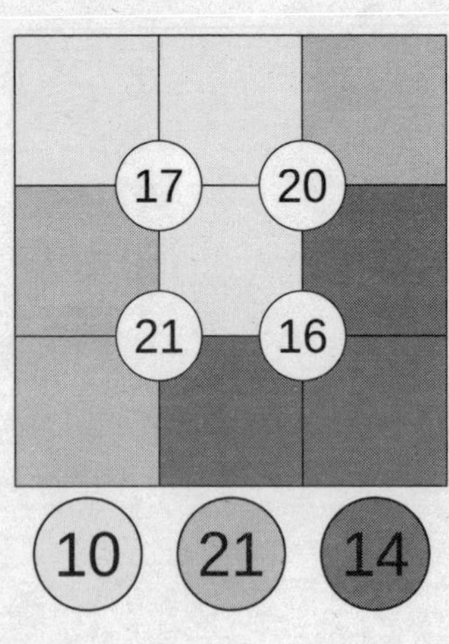
17
20
21
16
10
21
14

76

17
23
19
23
15
14
16

77

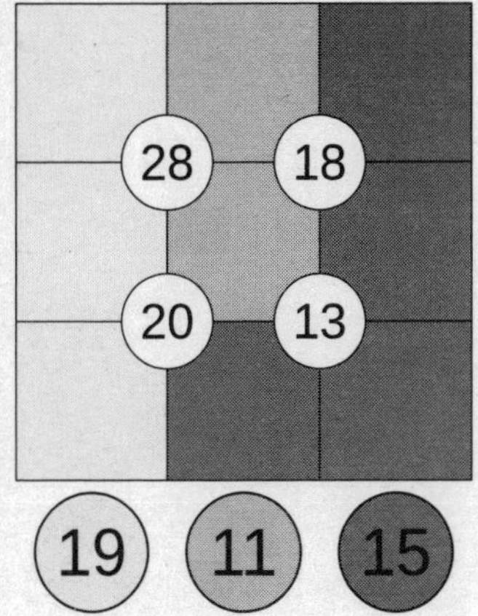
28
18
20
13
19
11
15

78

11
18
19
25
10
10
25

79

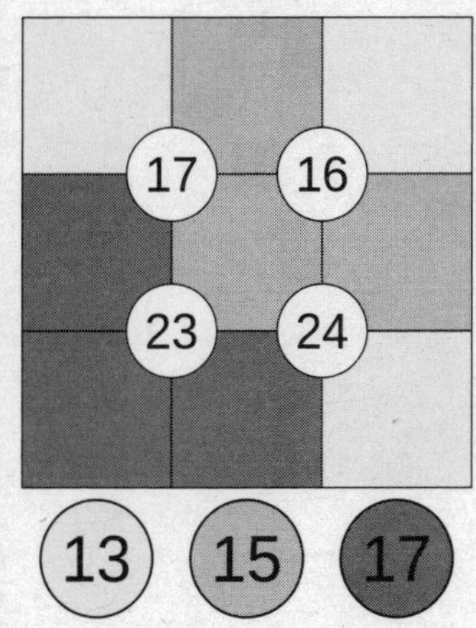
17
16
23
24
13
15
17

80

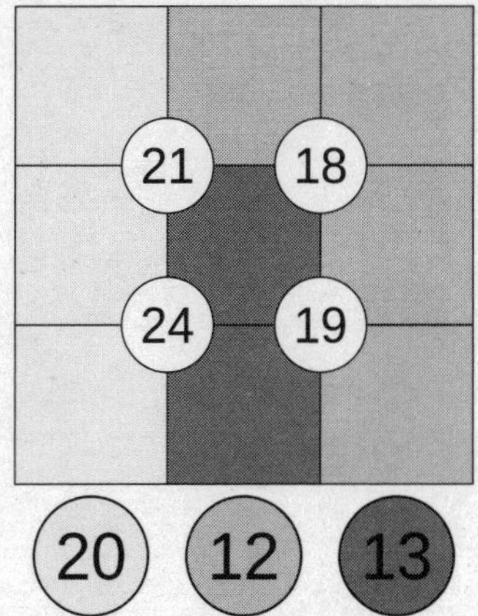
21
18
24
19
20
12
13

81

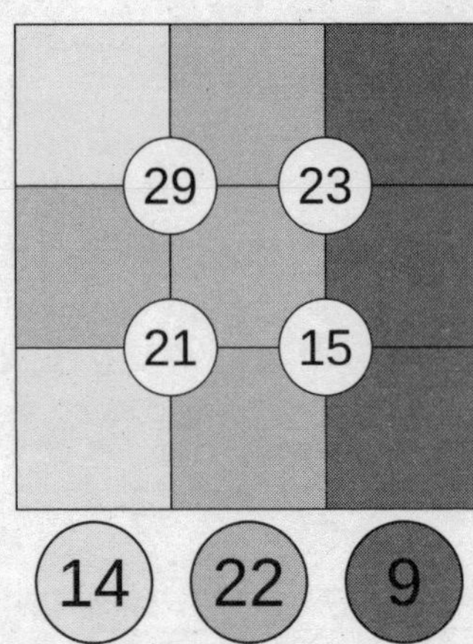
29 23
21 15
14 22 9

82

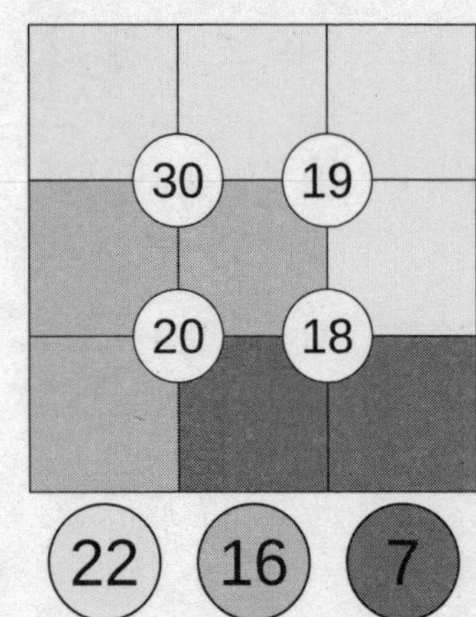
30 19
20 18
22 16 7

83

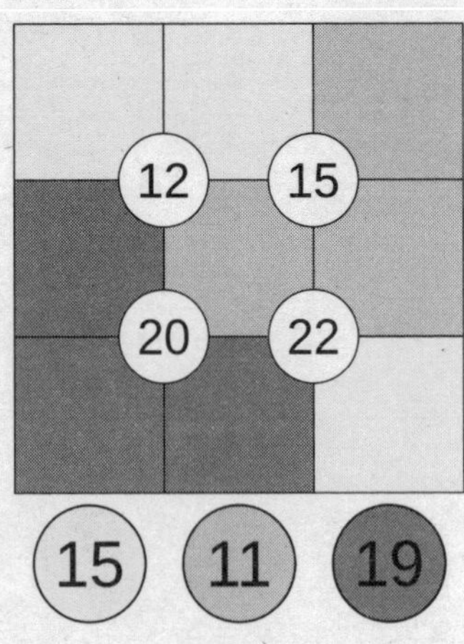
12 15
20 22
15 11 19

84

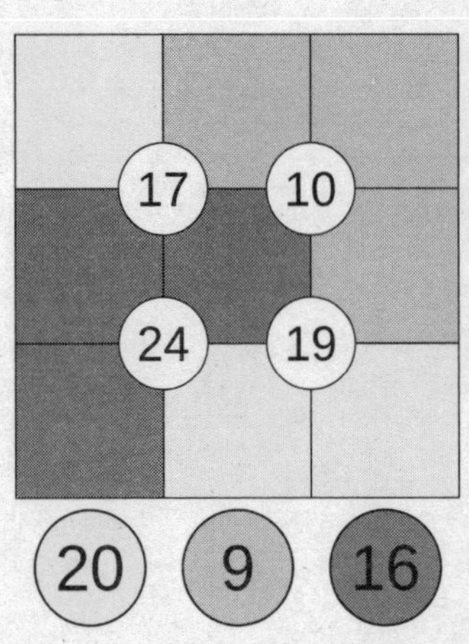
17 10
24 19
20 9 16

85

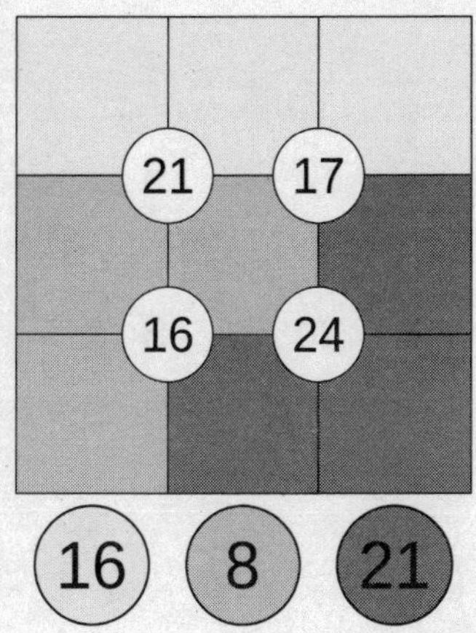
21
17
16
24
16
8
21

86

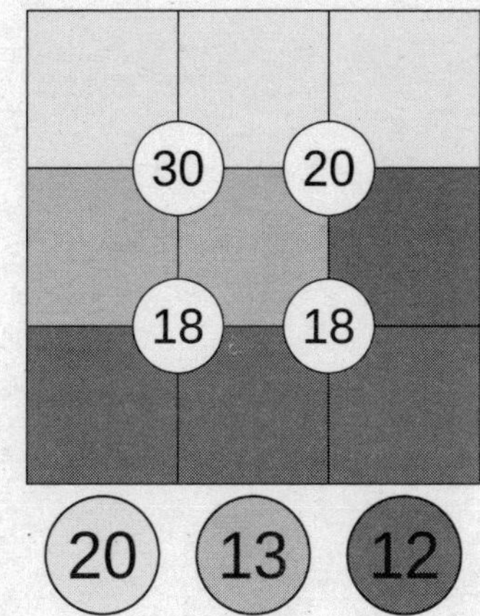
30
20
18
18
20
13
12

87

12
18
20
18
17
15
13

88

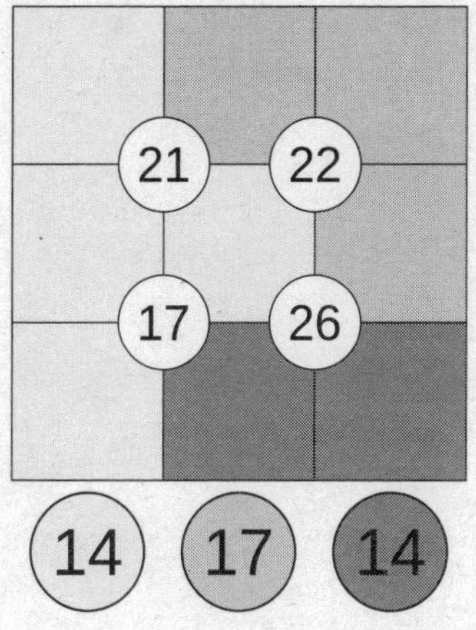
21
22
17
26
14
17
14

89

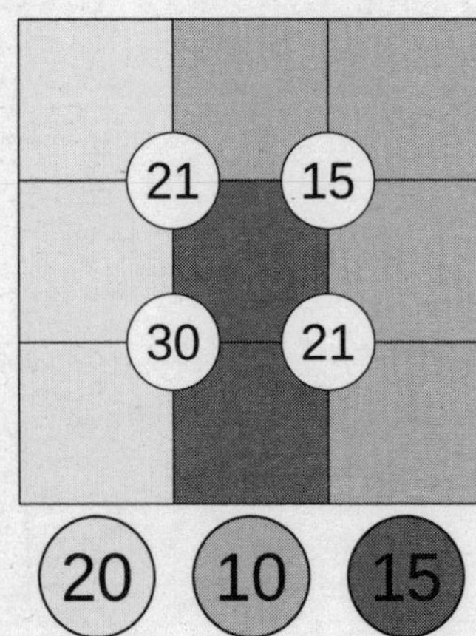
21
15
30
21
20
10
15

90

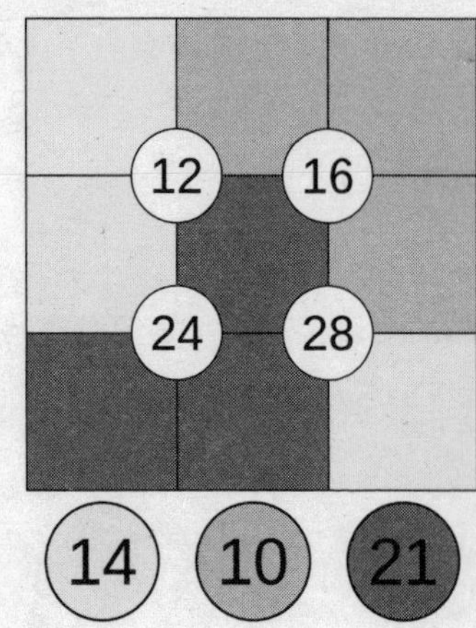
12
16
24
28
14
10
21

91

13
18
18
18
20
9
16

92

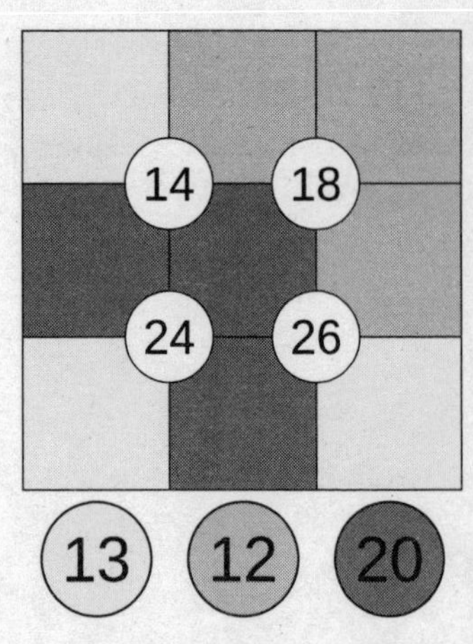
14
18
24
26
13
12
20

93

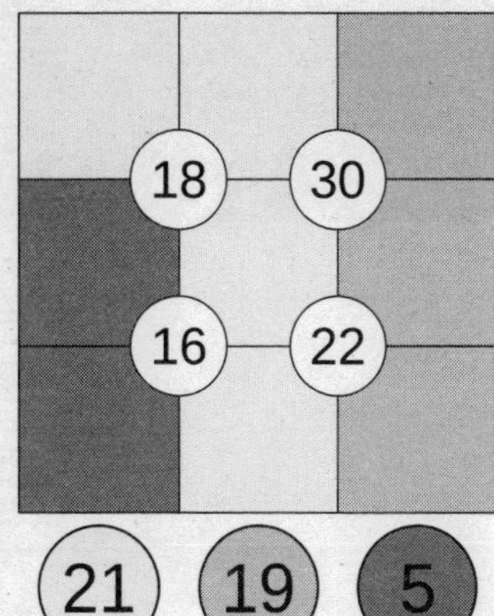
18
30
16
22
21
19
5

94

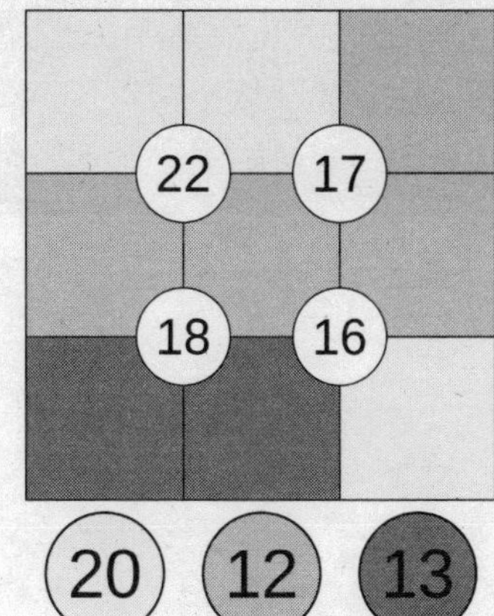
22
17
18
16
20
12
13

95

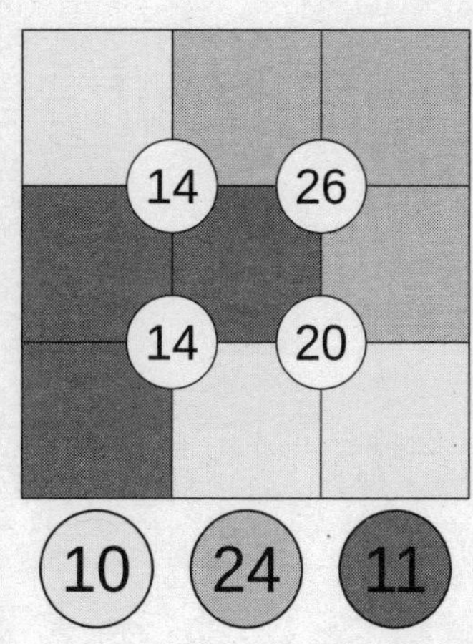
14
26
14
20
10
24
11

96

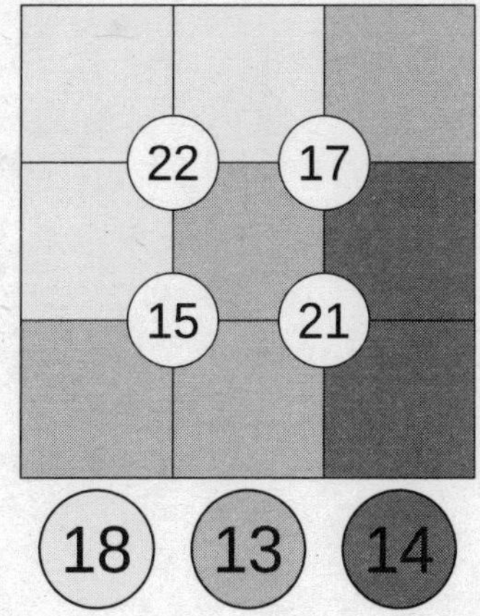
22
17
15
21
18
13
14

Solutions

1 Easy: 59
Medium: 75
Hard: 2960

2 Easy: 29
Medium: 1083
Hard: 5547

3 Easy: 34
Medium: 631
Hard: 4015

4 Easy: 105
Medium: 166
Hard: 2676

5 Easy: 62
Medium: 618
Hard: 8472

6 Easy: 20
Medium: 655
Hard: 3209

7 Easy: 23
Medium: 894
Hard: 1515

8 Easy: 32
Medium: 1039
Hard: 1155

9 Easy: 9
Medium: 888
Hard: 6524

10 Easy: 171
Medium: 121
Hard: 4597

11 Easy: 29
Medium: 306
Hard: 1316

12 Easy: 26
Medium: 249
Hard: 6558

13 Easy: 55
Medium: 549
Hard: 3048

14 Easy: 99
Medium: 412
Hard: 3717

15 Easy: 5
Medium: 124
Hard: 5985

16 Easy: 96
Medium: 428
Hard: 5851

17 Easy: 47
Medium: 279
Hard: 4068

18 Easy: 82
Medium: 952
Hard: 1119

19 Easy: 52
Medium: 834
Hard: 5285

20 Easy: 12
Medium: 870
Hard: 6633

21 Easy: 21
Medium: 321
Hard: 5619

22 Easy: 41
Medium: 231
Hard: 4773

23 Easy: 17
Medium: 84
Hard: 2804

24 Easy: 47
Medium: 818
Hard: 3924

25 Easy: 100
Medium: 252
Hard: 8472

26 Easy: 31
Medium: 240
Hard: 6541

27 Easy: 35
Medium: 423
Hard: 8236

28 Easy: 34
Medium: 63
Hard: 7843

29 Easy: 85
Medium: 1098
Hard: 5308

30 Easy: 54
Medium: 289
Hard: 3969

31 Easy: 9
Medium: 836
Hard: 5019

32 Easy: 80
Medium: 187
Hard: 6538

33 Easy: 24
Medium: 776
Hard: 1602

34 Easy: 47
Medium: 624
Hard: 1777

35 Easy: 66
Medium: 202
Hard: 2919

36 Easy: 22
Medium: 82
Hard: 2613

37 Easy: 35
Medium: 627
Hard: 6339

38 Easy: 25
Medium: 1203
Hard: 3141

39 Easy: 72
Medium: 722
Hard: 1669

40 Easy: 6
Medium: 209
Hard: 4243

41 Easy: 24
Medium: 451
Hard: 6635

42 Easy: 64
Medium: 741
Hard: 4204

43 Easy: 36
Medium: 1006
Hard: 1535

44 Easy: 25
Medium: 946
Hard: 620

45 Easy: 76
Medium: 333
Hard: 4775

46 Easy: 64
Medium: 352
Hard: 4032

47 Easy: 45
Medium: 844
Hard: 9303

48 Easy: 79
Medium: 191
Hard: 3339

49 Easy: 78
Medium: 328
Hard: 6639

50 Easy: 9
Medium: 1074
Hard: 4669

51 Easy: 19
Medium: 437
Hard: 3449

52 Easy: 31
Medium: 754
Hard: 362

53 Easy: 74
Medium: 247
Hard: 5551

54 Easy: 46
Medium: 104
Hard: 5921

55 Easy: 66
Medium: 979
Hard: 3479

56 Easy: 37
Medium: 654
Hard: 4356

57 Easy: 22
Medium: 221
Hard: 4063

58 Easy: 44
Medium: 208
Hard: 3114

59 Easy: 15
Medium: 503
Hard: 5185

60 Easy: 92
Medium: 955
Hard: 3058

61 Easy: 72
Medium: 429
Hard: 5931

62 Easy: 77
Medium: 388
Hard: 9219

63 Easy: 36
Medium: 849
Hard: 5114

64 Easy: 7
Medium: 31
Hard: 2271

65 Easy: 3
Medium: 916
Hard: 3728

66 Easy: 54
Medium: 532
Hard: 2811

67 Easy: 63
Medium: 96
Hard: 4598

68 Easy: 38
Medium: 917
Hard: 4565

69 Easy: 84
Medium: 210
Hard: 5229

70 Easy: 37
Medium: 921
Hard: 6886

71 Easy: 4
Medium: 522
Harder: 2700

72 Easy: 176
Medium: 530
Harder: 162

1

		4		2		
	6			6		
						3
					7	
		6				
3						
	4			8		

2

		8			4	
6		4				
				6		
	2	4			6	
						5
		4				

3

	5				6	
4				3		
			3			
2		3				
					6	
6		4		4		
						3

4

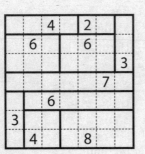

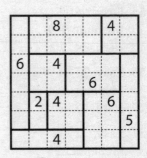

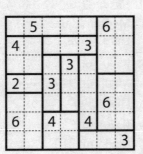

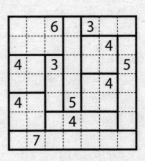

		3		4		
	2				3	
			4			4
		4			6	
5						
	3					3
		4			4	

5

3				2		4
	6					
			9			5
5					3	
			6		4	
2						

6

		6		3		
					4	
4		3				5
					4	
4			5			
			4			
	7					

7

		4		3		
	2				4	
			6			
	5					5
			4			6
5				5		

8

						5
4				6		
	3				4	
			6			
					6	
6		4				
				5		

9

		4	4			
						6
	2		6			
	2			6		
6					4	
		2				
	3			4		

10

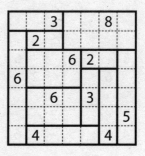

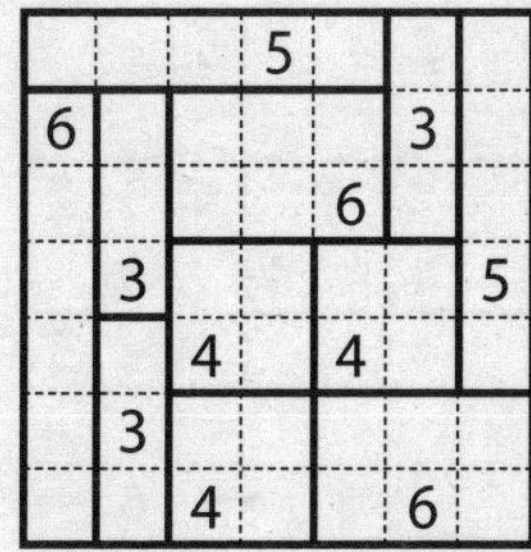

			5			
6					3	
				6		
	3					5
		4		4		
	3					
		4			6	

11

	2		5			
		2				
5					4	
	4			4	6	
		6				
			4			
						7

12

		3			8	
	2					
			6	2		
6						
		6		3		
						5
	4				4	

13

	3					
			6			
6						5
			5		4	
6						
	4					4
			6			

14

4					4	
			3			
	2	3				6
6			6			
					5	
	4			6		

15

	8			5		
						4
						2
	4		4		3	
	4					3
		6			6	

16

17

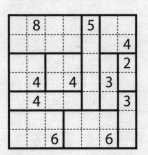

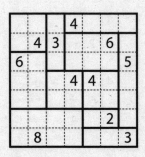

18

			4			
	4	3			6	
6						5
			4	4		
					2	
	8					3

19

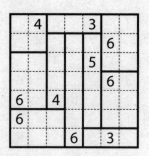

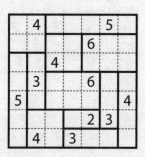

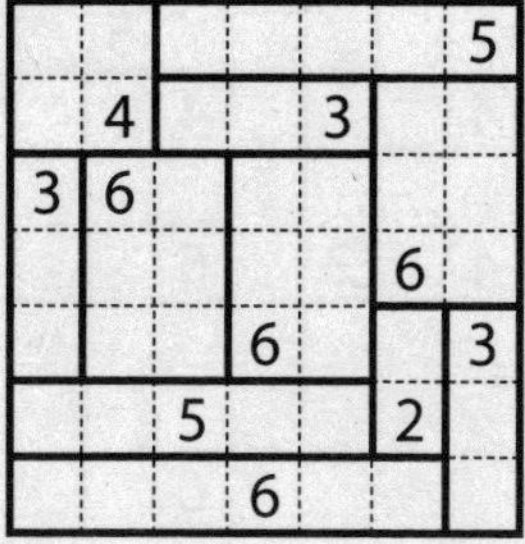

20

	4			3		
					6	
				5		
					6	
6		4				
6						
			6		3	

21

		6				
2					4	
	6					4
		2				
		2			4	
5						4
	4			6		

22

	4				5	
				6		
		4				
	3			6		
5						4
				2	3	
	4		3			

23

		3		4		2
					3	
		3		4		6
	5		4	4		
5						
					6	

24

	6				3	
			3			
	6			4	4	
					4	
		5				
	4				6	
			4			

25

3				6		
					4	
		6		4		
3						6
			8			
		5				4

26

					5	
4				4		
			5			
4		3		6		
						6
6						
				6		

27

6				5		
					4	
		9				6
2						
					4	
4		3				
				6		

28

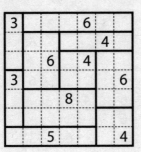

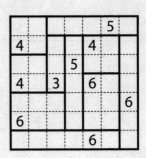

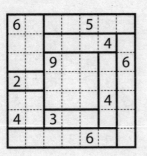

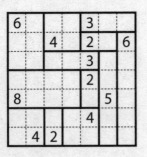

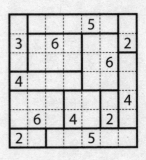

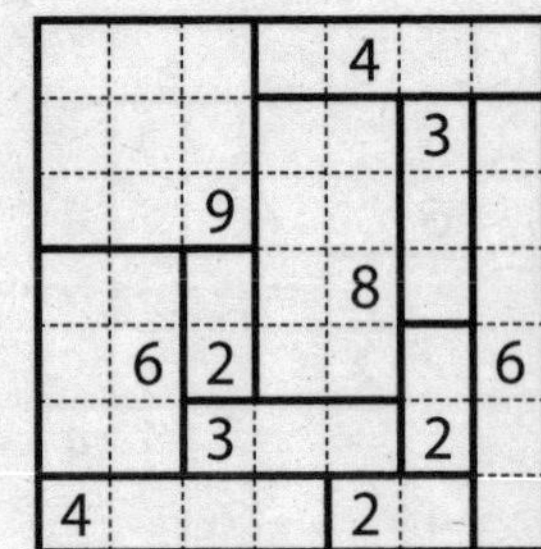

				4		
					3	
		9				
				8		
	6	2				6
		3			2	
4				2		

29

6				3		
		4		2		6
				3		
				2		
8					5	
				4		
	4	2				

30

				5		
3		6				2
					6	
4						
						4
	6		4		2	
2				5		

31

		3			3	
3			4			4
	6					
				5		
						8
4						
		6	3			

32

	4		4			
						3
		4			6	
6		4			2	
2			5			4
	5					

33

		6				3
					4	
4						
	6				6	
			5			
		3				
	4			6		2

34

		6				
3					4	
	4		4		3	
		3		6		3
4						
		2				
	5				2	

35

		6			3	
			4			
5					4	
	2			2		
		3				5
5					3	
	2		5			

36

		3				6
	4		2	2		
5						
			3			3
	6			4		
		3				2
					6	

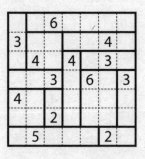

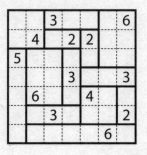

37

				5	
6			3			
		2				
4						6
			5			2
4						4
		3		5		

38

	2				5	
6						4
			8			
3						4
						3
	4				2	
3				5		

39

				6		
		4				2
	6				5	
			6			
3				4		
	2			2		
		5				4

40

5					4	
	6			2		
5						
			2			
				6		3
			6		6	
4						

41

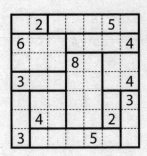

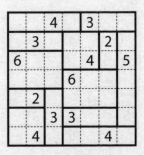

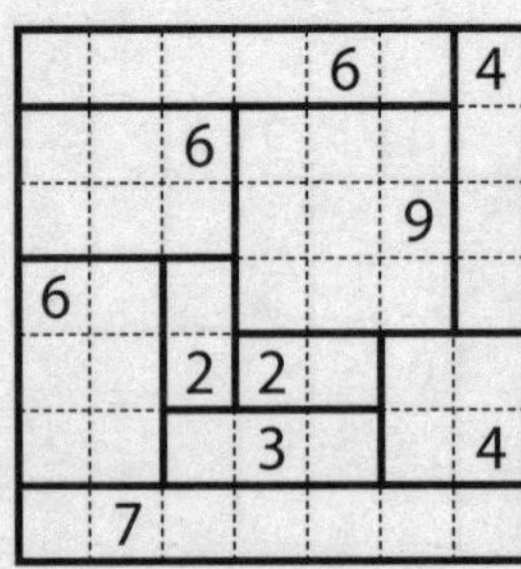

				6		4
		6				
					9	
6						
		2	2			
			3			4
	7					

42

		4		3		
	3				2	
6				4		5
			6			
	2					
		3	3			
	4				4	

43

4					4	
			2	4		
						5
6					3	
			3			
		5	2			4
	4			3		

44

	6					
		4				3
6					2	
		4				4
				4		
	4					5
			4		3	

45

4				6		5
			2			
		8				
					4	
	6		4			3
				5	2	

46

		6		3		
			3			6
		3			5	
4				3		
	4		6			
	3		3			

47

	6			4		
						2
	2		4			
		8			3	
5						5
	6			4		

48

			4		4	
5						5
	4				3	
			6			
		2	2			
	3			3		
4					4	

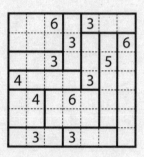

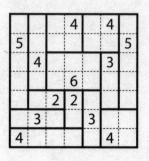

49

	2				3	
		4		2		
6			2			
		6				
4						6
		3			5	
6						

50

		3				4
		6		6		
3						
						6
4		4				
4						4
				5		

51

	4					4
4						
					3	
	6		6			5
		5				
3			3			
				6		

52

4					5	
			2			6
		6				
						4
		6		4		
5						
		3				4

53

54

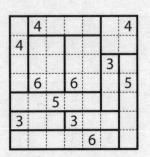

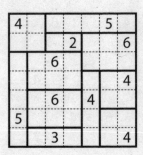

55

2						6
			5			
		3		6		
3						4
		4			2	
	4			6		
						4

56

3				4	4	
		3				3
	3			4		
	6					
5						4
		4			6	

57

	6					
				6		
		4				6
					2	
	3			8	2	
4						3
			5			

58

6						4
			2		2	
3						
	4	4				6
				5		
		4				4
			5			

59

	4		2			3
					4	
		4		6		
5						
			6			
					4	
			5			6

60

			5			
4		6		3		4
6						
		3				6
			4			2
	6					

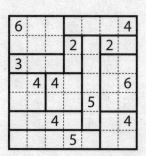

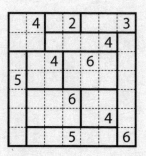

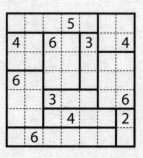

61

					2	
	4	5				6
				6		
5	3					
			5			
						4
		6			3	

62

3					6	
			5			
	2					6
		4				
4						5
	6			6		
2						

63

			3			
			6			
	6					3
				5		4
6					3	
		4			6	
	3					

64

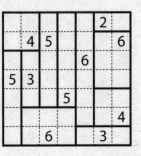

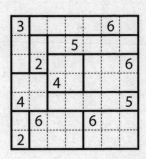

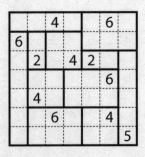

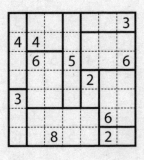

		3			3	
4			4			6
				5		
6		3				
			4			
					4	
		3	4			

65

		4			6	
6						
	2		4	2		
					6	
	4					
		6			4	
						5

66

						3
4	4					
	6		5			6
				2		
3						
					6	
		8			2	

67

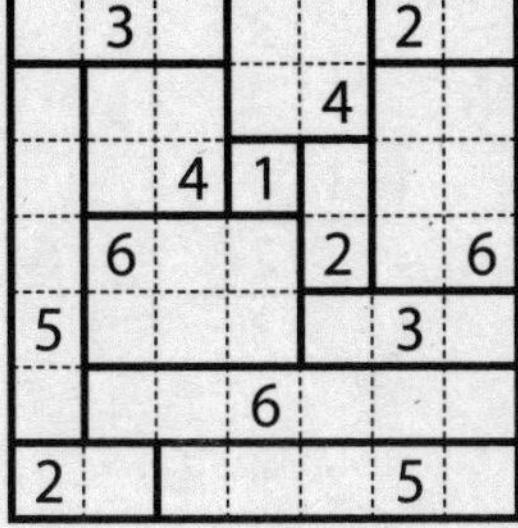

68

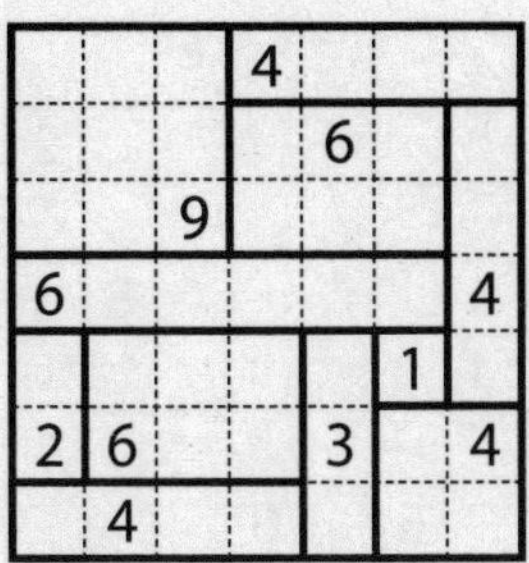

69

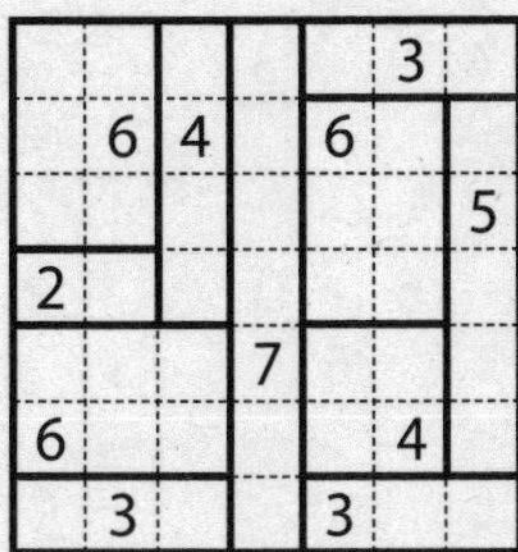

70

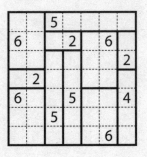

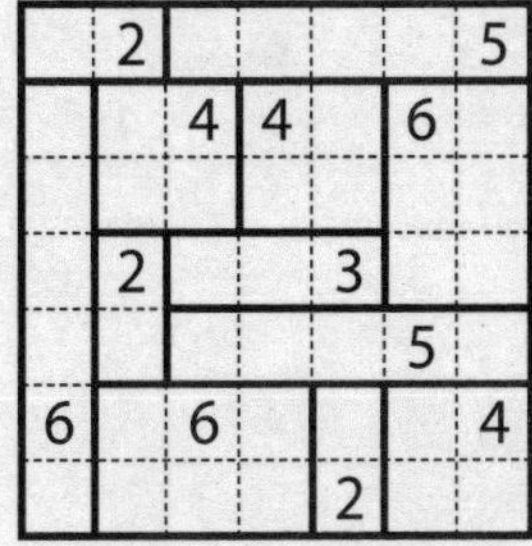

71

4				3		
		4	4			
3						6
		4				
4					4	
4			2			2
				5		

72

		5				
6			2		6	
						2
	2					
6			5			4
		5				
					6	

73

4				5		
						2
4		6			8	
4						
						4
	6		6			

74

			3			
6					5	
	4	1		4		
			2			6
	4		3			
					4	
		3		4		

75

			6			
	4				4	
4				2		
	3					6
				3		
6			4			4
				3		

76

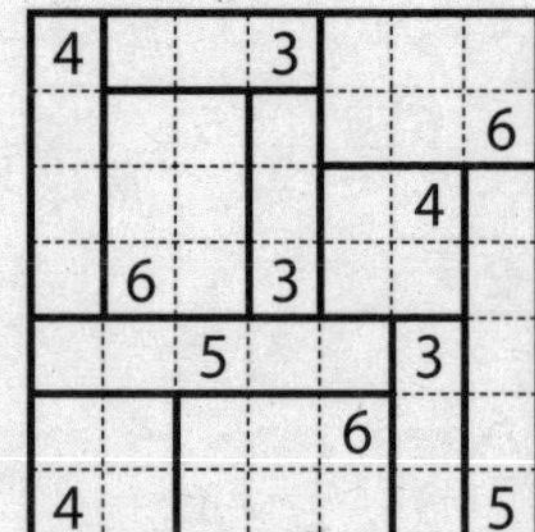

77

					5	
	4		4			
2		3	4			
	3					6
		3				
4				5		
					6	

78

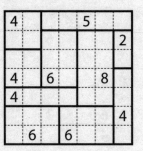

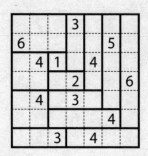

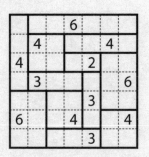

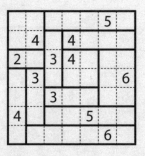

79

				5		
6						3
		6				
				3		4
	4		2			4
5						
	2				5	

80

	5					
3						6
		4	4	6		
	6					
				2		
	4			4		
			3		2	

81

	4			2		
3						4
				4		
			5			6
	6					
4				3		
	4				4	

82

				6		
	6				3	
		3		2		3
			4			4
					3	
	6		1			
		4			4	

83

			2		3	
6			3			
			6			4
2						
	3		4			4
		3			3	
			6			

84

4					5	
		3		6		
						4
	3					
			3			4
5		6			3	
				3		

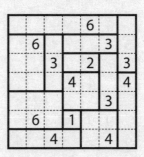

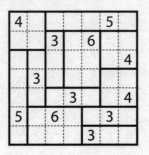

85

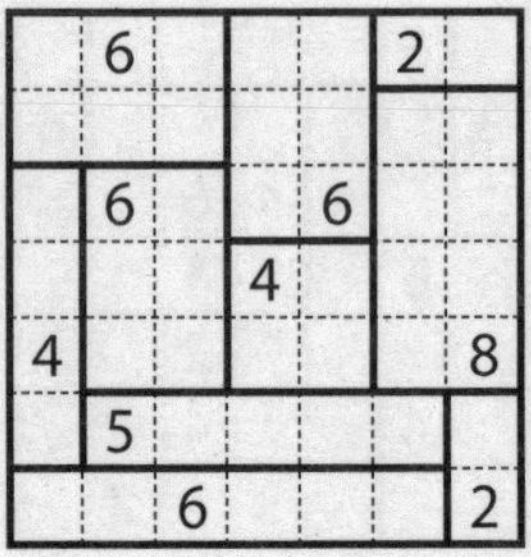
6 2
6 6
4
4 8
5
6 2

86

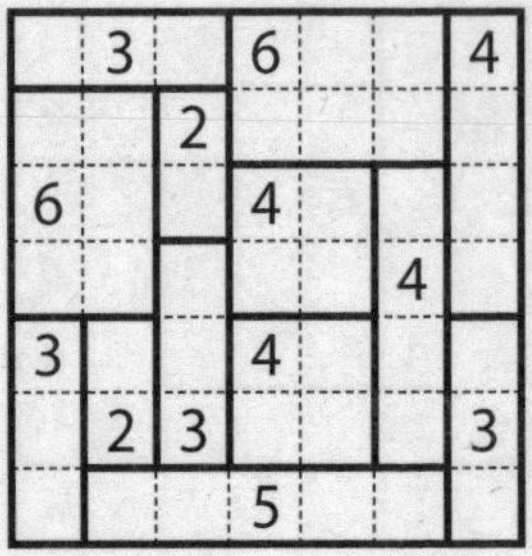
3 6 4
2
6 4
4
3 4
2 3 3
5

87

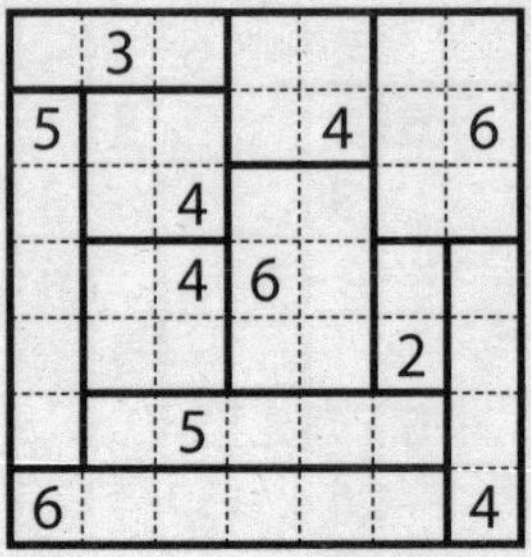
3
5 4 6
4
4 6
2
5
6 4

88

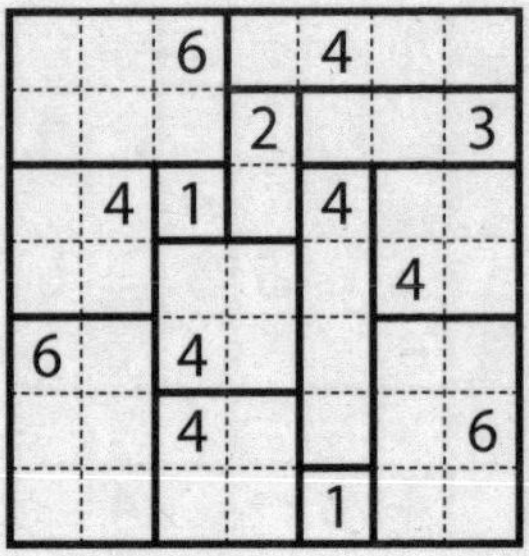
6 4
2 3
4 1 4
4
6 4
4 6
1

89

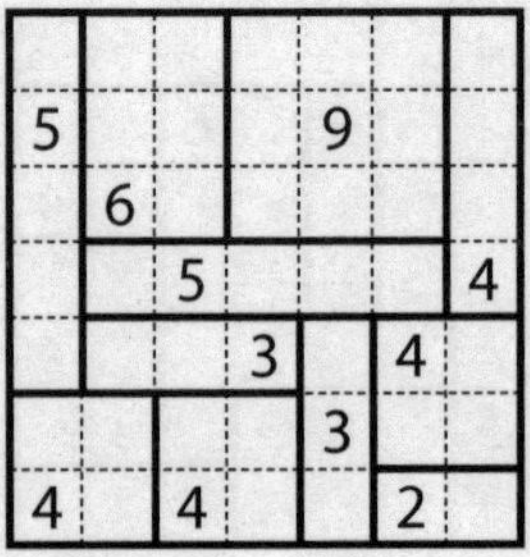
5 9
6
5 4
3 4
3
4 4 2

90

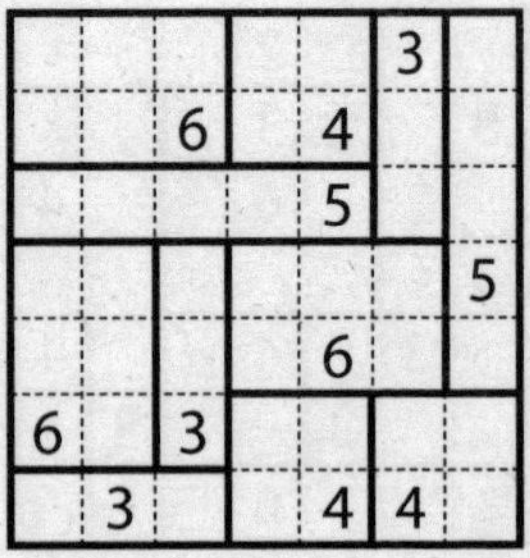
3
6 4
5
5
6
6 3
3 4 4

91

	6			4		
						5
			4		3	
	4		2			
6					6	
		2				
		3				4

92

4					5	
		3	4			2
2	2				4	
				6		
		6				6
			5			

93

		5				
	4					2
3			3			
			6	3	4	
						5
	4				4	
		6				

94

		3			2	
4				8		
						6
	4				3	
5						
		9				
					5	

95

			4		3	
		3				4
	5			4		
3						6
				6		
						4
3			4			

96

	2				2	
		6		4		
5			2			3
					4	
	5					2
2			3			
		5				4

1

```
2 3 1 4<5

5>2 4>3 1
  v
4 1 3 5 2

1 4<5 2<3
^     v ^
3 5 2 1 4
```

2

```
1<3 5 2 4
    v v
2 5 4 1 3
^
3 2>1 4<5
      v
5 4 2<3 1

4 1 3<5 2
```

3

```
2<3 4 5 1
      v
4 1 5 2 3

3 2 1 4 5
      v v
1 5 2 3 4
    ^
5 4>3 1 2
```

4

```
5 2 4 3 1

2<3 1 4 5
v
1 4>3 5 2
  ^     ^
4 5 2 1 3
        ^
3 1 5 2 4
```

5

```
4 1 3 5 2

2<3 5 1 4
  ^   ^ v
1 5 4 2<3

3 2>1 4<5
      v
5 4 2 3 1
```

6

```
3 4 1<2 5
      ^
4 2 5 3 1

1 3 2 5>4
        v
2 5>4 1 3

5 1 3<4 2
```

7

```
5   3   2   4   1
v   v
3   2 > 1   5   4

1   4   3 > 2   5
^       ^
2   5 > 4   1   3
                v
4   1   5   3   2
```

8

```
3   4   2   1   5
v   v
2   3   5   4   1
                ^
4   5   1   3 > 2

1   2   3   5 > 4
                v
5   1   4   2   3
```

9

```
5 > 3   1   2   4

1   5   4 > 3   2
        ^
2   1   5   4   3
    ^
4   2 < 3   5   1

3   4   2 > 1   5
```

10

```
4 > 2   3   1   5

2   5   4   3 > 1

5   1   2 < 4 > 3
    ^   v   ^   v
3   4   1   5   2
    v
1   3   5   2   4
```

11

```
2   3   5 > 4   1
            v   ^
5   4   1 < 3   2
v
4   1   3   2 < 5
v       v   v
3   5   2   1   4

1   2   4   5   3
```

12

```
1   4   2   3   5
^
2   4   3   4   1
^       ^       ^
3   1   4 < 5   2

5   3   1 < 2   4

4   2   5   1   3
```

13

```
2   3   5   4   1
        v   v
5   1   4   3 > 2
    ^
3 > 2   1 < 5 > 4
^
4   5   2   1   3

1   4   3   2   5
```

14

```
1   5   3   2   4

3 > 2   4   1   5

2 > 1   5   4 > 3
                v
4 > 3   2   5   1
^
5   4   1   3   2
```

15

```
4   5   2 > 1   3
                ^
3   4   1   2   5
            ^
5   1   4 > 3   2

2 < 3   5   4   1
v
1   2   3   5   4
```

16

```
2   1   4   5   3
            v
3 > 2   5   4   1
^               ^
4 < 5   3   1   2
        v
1   4   2   3   5
        v
5   3   1   2   4
```

17

```
4   2 > 1   3   5
        ^
1   3   2   5   4
^       ^
2   5   3   4   1
    v
3 < 4   5   1   2

5   1   4   2   3
```

18

```
1   4   3   2   5

4 > 3 > 2   5   1
^               ^
5   2   1   4   3
            v
2 > 1   5   3   4
^       v
3   5   4   1   2
```

19

```
2   1   3   4   5
                v
3   2   5   1   4
            ^
1   5   4   2   3
            ^
5 > 4   2   3   1
    v   v
4   3   1   5   2
```

20

```
5 > 4 > 3   1   2

1   2   5   4 > 3

4 > 3 > 2   5   1
        v   v
2   5   1   3   4
            v
3   1   4   2   5
```

21

```
3   5 > 2   4   1
        v
2   4   1   3   5

4 > 3   5   1   2
    v
5   1   3 > 2   4
        ^
1 < 2   4 < 5   3
```

22

```
2   1   3   5   4
                v
5   2   4 > 1   3

4   5   2 < 3   1
    v
3 < 4   1 < 2   5
            ^
1   3   5 > 4   2
```

23

```
2   4   1   3   5
        ^   v   v
4   5   2   1   3
        ^
5   2   3 < 4   1
v               ^
3 > 1   4 < 5   2
                ^
1   3   5   2   4
```

24

```
1   5   3 < 4 > 2
            ^   v
4 > 3 > 2   5   1

3   1   4   2   5
v           v
2   4   5   1   3
^
5   2   1 < 3   4
```

25

```
3   2   5   1   4
        v
5   3   4   2   1
v   ^           ^
2   5   1   4 > 3
v           ^
1   4 > 3   5   2
        v
4   1 < 2   3   5
```

26

```
3   1   2   4 < 5
    ^
4 > 2 < 3   5   1
^
5   3   1 < 2 < 4
    ^
1   4 < 5   3   2

2   5   4   1   3
```

27

```
3   5   1   4 > 2
        ^   ^
2   1   3   5   4
        v       v
5 > 4   2   1   3
            ^
1   3 < 4   2   5
    v   ^
4   2   5   3   1
```

28

```
4   2   1 < 3   5
    ^       ^
1   3 < 5   4   2
            ^
2 > 1   3   5   4
^       ^
3   5   4   2 > 1
    v
5   4   2   1   3
```

29

```
2   3   5   4   1
v           v
1   4   2 < 3   5

3   5   4   1 < 2
                ^
4 > 2 > 1   5   3
^               ^
5   1   3   2   4
```

30

```
3 > 2   5   1   4
    v           ^
2   1   3   4   5

4   3 > 2   5   1
    ^           ^
5 > 4   1   3   2
            v
1   5   4   2   3
```

31

1	<	4		5	>	3		2
				v				
5		1		3	>	2		4
		^		^				
3		2		4		5		1
4	<	5		2		1	<	3
2	<	3		1		4		5

32

2		5		1		4		3
								^
1		3	<	5		2		4
3	>	2	<	4		5		1
		v				v		
4		1		2	<	3		5
^				^				
5		4		3		1		2

33

1	<	2		5		3	<	4
5		4	>	2	>	1		3
3		5	>	1		4		2
						^		
2		3		4		5		1
		v		v				
4		1		3	>	2		5

34

1		4		5		3	>	2
4	>	3		2		5		1
		v				v		
5		2	>	1		4	>	3
2		5		3		1		4
^								^
3		1		4		2		5

35

1	<	2		4		5	>	3
5		3		1	<	2		4
						^		
4		1		5		3		2
3	<	4		2		1		5
		^		^				
2		5		3	<	4		1

36

5		1		3		2	<	4
		^				v		
3		4	<	5		1		2
								^
2		5		1		4		3
v						v		
1		2		4		3		5
		^						
4	>	3		2		5		1

37

```
4 > 3   2   1   5
2 > 1   5   4 > 3
^           ^   v
3   4   1   5   2
1   5   3   2   4
^           ^
5   2   4 > 3   1
```

38

```
5   3   2 > 1   4
                ^
3   4   1   2   5
            ^
2   1   5 > 4   3
4   2 < 3   5   1
        ^       ^
1   5 > 4   3 > 2
```

39

```
1   5 > 4   3 > 2
3   2   5   1   4
2   1   3 < 4 < 5
^
5   4   1 < 2   3
    v           v
4   3 > 2   5   1
```

40

```
5   1   4   2   3
v           v
4   3   2   1   5
    ^   ^
1   4 > 3   5   2
            v
2   5   1 < 3   4
^           ^
3   2   5   4   1
```

41

```
5   2   3   4   1
                ^
1   3   4   5   2
^       v
3   4   2   1   5
^           ^
4 < 5   1   2 < 3
                ^
2   1   5 > 3   4
```

42

```
1   5   3   2   4
3 > 2   4   5   1
^               ^
4   1 < 5   3 > 2
^
5   4   2 > 1   3
    v
2   3 > 1   4   5
```

43

5		2	>	1		4	>	3
3		1		5		2		4
				v				
2	<	3		4		1		5
		^						
1		4		3	<	5		2
^								
4	<	5		2	<	3		1

44

1		5	>	4		2		3
				v		v		
2		4		3		1		5
^				v				
4		3	>	2		5		1
3		1		5		4		2
						v		
5		2	>	1	<	3		4

45

5		2	<	3	<	4		1
						^		
1		3		4		5		2
								^
4		1		5		2		3
v				v		v		
3		4	>	2		1		5
		^						
2		5		1		3		4

46

1	<	2		3		5		4
		^						
5		3		1		4		2
		^		^				
4		5		2		3		1
v						v		
3		1		4		2		5
2	<	4	<	5		1		3

47

2		4		5		1	<	3
		^						
3		5		4		2		1
				v				
1		2	<	3		4		5
		v						
5		1		2		3	<	4
v								
4	>	3		1		5		2

48

5		2		3	<	4		1
						v		
4		1		2	<	3		5
				v				
3	<	4		1		5		2
		^						^
1		5		4		2		3
						v		
2		3		5		1		4

49

```
4   1   2   5   3

3   5   1   4   2
    v
5   4   3 > 2   1
    v       v
2 < 3   5   1   4
                ^
1 < 2   4   3   5
```

50

```
2   5   1   3 < 4
        ^   v   ^
1   3   4   2   5

5   2   3   4   1
v
4   1   2   5   3
v               v
3   4   5   1 < 2
```

51

```
4   5   1   3 > 2

1   2   3   5 > 4
            v   v
2 > 1   5   4   3
^
3   4   2   1   5
    v
5   3   4   2 > 1
```

52

```
1   3   4 > 2   5
^   ^
2   4 < 5   1   3

5   1   3   4   2
    ^
3 > 2   1   5   4
^
4   5   2   3 > 1
```

53

```
1 < 2 < 3   5   4

4   5   2 > 1   3
^
5   3   1   4   2
    ^
3   4   5   2   1
        v   ^
2   1   4 > 3   5
```

54

```
2   1   5   4   3
^
4   5   1   3   2
    v       v
5   4 > 3   2 > 1
        v
1   3   2   5   4
    v           ^
3   2   4   1   5
```

55

5		2		1		3	<	4
∨						∨		
4	>	3		5		2	>	1
2	>	1		3		4		5
∧								∨
3		5		4		1		2
1		4		2		5		3

56

4	>	3		5		1		2
2		4		1		3		5
				∧				
3		1	<	2		5		4
				∧				
1		5	>	4		2		3
				∨				∨
5		2	<	3		4		1

57

3		2	>	1		5		4
2		1		5		4	>	3
				∨				∨
5		3		4		1	<	2
4		5		2		3		1
		∨		∧				
1		4	>	3		2		5

58

3	<	4		1		5		2
		∧						
1		5		3	>	2		4
						∨		∨
5		2		4		1	<	3
2	<	3		5	>	4		1
4		1		2		3		5

59

2		4		1	<	3		5
1		2		5		4	>	3
								∨
3		1		4	<	5		2
				∨				∨
4		5		3		2		1
∧				∨				
5		3		2		1		4

60

2		5		4	>	3		1
5		2		3		1		4
		∧				∧		
1		4	<	5		2	<	3
								∧
3		1		2		4		5
				∨		∧		
4		3		1		5		2

61

```
3   5   2   4   1
            v
4   2   1   3 < 5

1   4 < 5   2 < 3
    v       v
5   3   4   1   2
    v
2   1   3   5   4
```

62

```
2 > 1   3   5   4
            v
3   5   2   4   1
            v
1   4   5   2   3
            ^
4 > 2   1 < 3   5
^
5   3 < 4   1   2
```

63

```
5   4 > 2   3   1
                ^
1   3   4 < 5   2
        v
4   2 < 3   1   5
                v
2   5   1   4   3
            v
3   1   5   2   4
```

64

```
2   4 > 3 < 5   1

4   3 > 2   1   5

1   5 > 4   3 > 2

3   1   5   2   4
^
5   2 > 1   4 > 3
```

65

```
1 < 3 > 2   5   4
    ^
3   4   5   2   1
        v   v
5   2   4   1   3

2   1   3 < 4 < 5
        v
4   5   1   3   2
```

66

```
4   3   1   5   2
    ^   ^
1 < 4   2   3   5
    ^   ^
2   5   3 < 4   1

5   2   4   1   3
    v           ^
3   1   5   2   4
```

67

5	>	2		4		3		1
1		5		3		4		2
^								
2		4		5		1	<	3
^								^
3		1		2		5		4
^								^
4		3	>	1		2		5

68

4		2		5		3		1
		^						^
5	>	3		1		4	>	2
2		5		4		1		3
								^
3		1		2		5	>	4
1		4	>	3		2		5

69

3		1		2		5		4
^		^						^
4		2	<	3		1		5
2		4	<	5		3		1
		v						
5		3		1		4		2
1		5		4	>	2	<	3

70

3	<	4		1		2		5
				^		^		v
5		1	<	2		3	<	4
				^				
4		2		3	<	5		1
								^
1		3		5		4		2
								^
2		5	>	4		1	<	3

71

2		1	<	3		5	>	4
3		4		5		1		2
		^						^
1		5		2		4		3
						v		
5	>	2		4		3	>	1
						v		
4	>	3		1	<	2		5

72

1		3		4	>	2		5
		v						
4		2	>	1		5		3
								^
2		1		5		3		4
3		5		2		4		1
		v						
5		4	>	3	>	1		2

1

2	8		9	7			9	8	6
5	7	9	8	6		5	7	9	8
1	2	4		9	7	8		3	9
3	1	5	2	4	9	6		1	3
		3	1	2			8	7	
	6	8			2	1	3		
1	2		9	8	4	2	5	3	1
5	7		6	9	8		4	1	2
8	9	7	5		6	8	9	5	7
6	8	9			7	9		2	8

2

5	3	1	2			2	1	4	3
3	1	2	4			1	3	2	5
		3	1			7	9		
	7	5	3	2	4	9	8	6	
2	1			5	3			2	1
1	3			3	1			1	3
	6	3	5	1	2	8	9	4	
		1	3			9	7		
9	1	4	2			1	2	7	9
8	3	2	1			3	1	9	8

3

1	3			7	5			1	3
2	1	4		9	7		3	2	1
		3	9	6	8	7	5		
1	3		7	8	9	5		5	3
9	8	3	1			9	7	1	2
7	9	1	2			8	9	3	1
2	1		3	2	4	1		2	4
		7	5	1	2	3	4		
1	3	2		3	1		2	1	3
2	1			5	3			2	1

4

8	9							2	1
6	7	8	9			1	2	4	3
		6	7	2	1	3	4		
	1	2		1	3		1	2	
3	8	9	1			3	8	9	1
1	9	7	2			1	9	7	2
	3	1		7	9		3	1	
		3	1	6	8	9	7		
3	1	4	2			8	6	9	7
1	2							8	9

5

	7	2		3	6		7	9	
4	2	1		1	5	3	9	8	7
7	9	5	8		3	1		5	9
9	8	3	2		1	2	3		
8	6			6	2	4	1	7	3
6	1	9	3	8	4			6	2
		4	1	2		7	9	8	6
1	2		7	9		5	7	9	4
5	3	1	2	7	9		2	4	1
	1	2		5	8		1	3	

6

	9	7		5	4		3	4	
5	6	8		3	1		1	2	5
7	8	9	3	1	2	5		3	1
			1	2		9	8	6	
5	1	7	2	4		7	9	5	6
9	3	8	4		4	3	6	1	2
	6	9	8		1	8			
1	2		5	4	2	6	9	8	7
3	4	2		2	5		8	6	5
	8	6		1	3		7	9	

7

8	9	6		7	5		4	1	2
9	7	8		9	7		2	3	1
		5	9	6	8	7	1		
			7	8	9	5			
7	8	9	6			8	7	6	9
5	9	7	8			9	5	8	7
			1	9	8	3			
		5	2	7	9	1	3		
8	9	6		8	6		4	1	2
9	7	8		5	7		2	3	1

8

2	1		1	9	2	4		1	3
1	3		9	8	5	7	1	4	2
4	2	5	3	6	1		3	2	1
		1	2		4	2		8	9
	4	2			3	1		9	7
7	5		2	4			2	3	
9	7		1	3		2	1		
4	1	2		1	6	3	5	4	2
8	3	6	4	2	9	1		2	1
6	2		7	5	8	9		1	3

9

3	1	9	2	7		7	6	8	9
1	2	8	4	9		5	8	9	7
9	7				7	9		1	3
8	3	9	7	2	1			2	1
		8	9	1	3			6	8
6	8			7	9	1	2		
1	3			9	8	3	1	7	5
2	1		9	3				6	8
9	7	5	8		3	1	8	9	7
8	9	3	6		1	2	6	8	9

10

2	1	4		2	4		5	1	
5	3	2	4	1	6		3	2	1
		1	2	3		8	9	4	3
4	1	3	5		1	3			
8	3	7	9	6	4		9	2	
	8	9		1	2	9	7	3	8
			1	2		5	3	1	4
7	9	8	6		3	2	1		
5	8	6		6	1	4	2	5	3
	7	9		4	2		4	2	1

11

1	5		2	3	1		3	1	
2	3	7	1	4	5		9	3	5
	9	6	8		9	8	5	2	1
5	8	9		2	3	5	1		
9	7		2	1		9	7	6	
	6	9	7		9	7		5	7
		8	3	9	7		4	9	8
9	8	2	1	5		5	1	2	
4	6	1		3	4	1	2	8	5
	9	7		1	2	4		7	9

12

6	4			1	3		1	2	4
4	2	1		5	2	1	3	4	9
9	8	4	3		1	3		1	6
7	9	2	1	3		2	1		
8	1			1	2	4	3	5	
	5	7	6	8	9			6	4
		9	8		7	3	4	9	8
6	1		9	5		1	2	7	9
9	6	3	7	8	5		1	4	2
4	2	1		9	7			8	1

13

	2	4	1		7	9		3	1
9	7	8	5		4	5	3	1	2
8	9			7	9		1	2	
6	5	7	3	9	8	2		7	9
		1	4	2		9	7	6	8
3	4	2	1		6	8	9		
1	2		7	3	2	4	1	5	6
	9	7		5	1			7	9
7	8	9	3	1		5	7	9	8
9	5		1	2		6	9	8	

14

6	2			1	3		4	2	1
8	3	1	2	5	4		2	1	3
9	8	3	1			2	1		
	9	6	4	3		1	3	5	2
1	6	2		1	3			3	1
3	1			2	1		9	7	4
2	4	3	1		2	9	7	4	
		1	2			5	3	1	2
3	1	2		5	3	7	1	2	8
1	2	4		2	1			8	9

15

	7	9	1		3	1	8	9	7
7	9	8	2		1	2	6	8	9
9	8	6		4	2			6	8
	5	7	9	8	6	3		4	6
		4	6			4	2	7	5
7	9	5	8			1	3		
9	8		7	3	4	2	1	6	
2	4			1	2		6	8	9
1	2	9	8	4		2	8	9	7
3	1	7	9	2		1	9	7	

16

5	7		7	1		3	4	2	1
7	9		9	8	4	5	2	1	3
9	8	7	5	2	1		1	3	
8	6	9		9	7			4	3
		8	9		6	3	4	5	1
9	5	6	7	3		1	2		
7	6			7	1		1	4	2
	7	9		9	8	4	3	2	1
4	8	6	9	5	2	1		1	3
5	9	8	7		9	2		3	5

17

7	9			3	8		1	2	
8	6	9		2	7	1	3	4	9
5	8	7	2	1	3	4		6	8
			8	6	9		2	1	
2	8	6	9	4		2	1	3	7
5	9	8	7		2	7	4	8	9
	7	9		2	1	3			
1	3		3	8	6	9	7	1	5
5	2	3	1	9	4		9	7	8
	5	1		7	9			5	9

18

8	9	7	5					9	4
6	8	9	7	1	3		9	8	6
9	7		9	2	5	3	7	4	1
	6	8		6	9	8		7	3
		9	7		7	9		6	2
4	6		9	7		7	3		
5	3		4	1	2		1	2	
2	4	5	8	9	1	7		7	9
1	2	3		8	4	9	7	1	6
3	1					6	9	3	8

19

2	6			7	9		5	1	3
9	8	1	2	6	5		4	2	1
7	9	3	1	8		1	3		
1	3			5	1	4	2	8	9
	1	3			3	2	1	4	7
1	4	2	8	9			7	9	
3	2	1	4	7	5			7	9
		7	9		4	9	8	1	2
3	1	5		4	2	7	9	3	1
1	2	4		3	1			2	4

20

5	8		2	1			8	9	4
9	7		4	3	5	6	1	8	2
	4	2	1		4	2	3	6	1
6	9	3	8			9	7		
2	6	1	3	4	5			7	9
1	3			3	1	7	9	4	8
		7	9			2	7	1	4
2	1	4	6	3		9	8	6	
4	2	9	8	1	7	6		2	5
1	3	5			9	8		3	1

21

9	7			7	5			9	7
8	9	6		9	7		7	8	9
		3	9	6	8	7	5		
2	1		7	8	9	5		5	3
9	8	3	1			9	7	1	2
7	9	1	2			8	9	3	1
1	3		3	2	4	1		2	4
		7	5	1	2	3	4		
9	7	8		3	1		8	9	7
8	9			5	3			8	9

22

5	3	1	2			2	1	4	3
3	1	2	4			1	3	2	5
		3	1			7	9		
	7	5	3	4	2	9	8	6	
9	8			3	5			9	8
7	9			1	3			7	9
	6	3	5	2	1	8	9	4	
		1	3			9	7		
7	1	4	2			1	2	7	9
9	3	2	1			3	1	9	8

23

1	3	6	4	2		9	8		
2	1	8	6	9		7	9	8	6
6	8	9		3	1			9	8
7	9		3	1	2	5		7	9
		3	1	5		2	1	4	
	4	1	2		5	1	3		
2	1		4	2	1	3		9	5
1	3			1	3		9	8	7
4	2	3	1		9	6	8	1	2
		1	2		2	4	6	3	1

24

9	5		1	3		3	5	1	
7	3	1	2	5		9	7	2	1
	1	2		4	7	8	9	3	5
3	4		3	1	9	6	8		
1	2		1	2			6	4	
	6	8			1	3		5	9
		1	3	7	2	4		6	7
6	1	5	8	9	3		9	7	
8	4	7	9		5	1	8	9	7
	2	3	6		4	3		8	9

25

8	4				9	7		9	7
9	7		4	3	8	9	7	2	1
	6	9	8	1		8	9	6	3
8	9	7	6		7	6	2		
9	5		7	9	8		4	3	1
7	8	9		7	9	2		1	2
		8	4	6		3	1	2	4
4	7	1	2		3	1	2	4	
8	9	3	1	2	4	5		9	7
1	3		3	1				8	9

26

8	1	3	9		1	2		9	7
6	2	1	7		3	1		8	9
9	4	5		8	2		9	6	8
	7	9	1	3		3	7		
9	8		8	9	3	1		4	3
7	9		3	7	1	2		2	1
		7	2		8	4	3	1	
8	6	9		3	2		6	5	2
9	8		1	2		6	8	9	1
7	9		3	1		8	9	7	4

27

3	1		9	8	2			6	8
6	5	3	7	2	1	4		8	9
	2	1		9	3	8	6	5	7
9	8		5	1		9	8	7	
7	9	8	6	3		7	9		
		9	7		4	2	1	7	3
	4	1	2		3	1		9	8
7	9	3	1	8	2		9	8	
8	6		3	9	8	6	7	5	1
9	8			7	1	2		4	3

28

	8	6			7	9		8	9
1	5	3		7	9	8	6	5	3
2	7	9	8	6	5		7	9	
4	9	8	6		8	3		7	9
		7	9			7	9	6	8
2	3	4	1			2	6		
1	5		7	3		4	7	9	8
	7	9		4	3	1	2	7	9
7	9	8	4	2	1		1	4	6
9	8		3	1			4	8	

29

1	3			1	3		7	9	
5	4	2	1	3	7		9	8	4
		4	2	5	9	7		3	1
4	2	1	3		8	9	6	4	2
2	1	3		6	1		9	7	
	7	9		4	2		3	1	7
2	4	5	9	8		3	1	2	9
1	3		7	9	5	2	4		
4	8	9		7	3	1	2	4	5
	9	7		3	1			3	1

30

7	9		9	8	1	3		2	1
9	8		5	7	2	1	4	6	3
	5	1		9	4	6	8		
	4	3	5			7	9	6	8
2	1		2	3	1	4		8	9
1	3		1	5	3	2		9	7
4	2	1	3			9	8	5	
		2	4	6	1		9	7	
4	7	6	9	8	3	5		1	3
8	9		7	9	2	1		2	1

31

	1	3		7	9			8	9
7	4	9	2	8	5		8	9	7
6	8	7	4	9		8	9	7	
		6	1	4	2	3		2	4
2	5			3	5			3	1
4	6			1	3			1	2
1	3		4	2	1	6	3		
	8	9	6		4	8	9	7	6
8	9	7		5	6	9	7	1	8
9	7			9	7		8	9	

32

3	1	2	4		8	9	3	5	
5	3	1	2		6	7	1	2	3
		3	1	2	4		2	4	1
	3	4		1	3		7	9	
2	1	5	3		9	7		6	2
4	6		7	9		2	4	3	1
	9	5		3	1		5	1	
1	4	2		4	2	1	3		
3	2	1	7	6		2	1	3	5
	5	3	9	8		4	2	1	3

33

2	1	4		7	5		6	9	8
1	3	2		9	7		8	7	9
		3	9	6	8	7	5		
1	3		7	8	9	5		3	5
9	8	3	1			9	7	2	1
7	9	1	2			8	9	1	3
2	1		3	4	2	1		4	2
		6	5	2	1	3	9		
2	1	4		1	3		6	9	8
1	3	2		3	5		8	7	9

34

1	2	3	5				9	6	7
2	4	1	6	8	9		6	8	9
3	1		9	6	7	5	8		
	3	1				9	7	8	5
9	5	2	8	3	1	4		9	7
8	9		9	6	3	8	2	5	1
7	8	9	3				1	3	
		8	5	7	6	9		1	3
5	9	6		5	3	7	1	4	2
9	8	7				5	3	2	1

35

1	4	2		2	1		6	1	
2	7	9	1	4	3		4	2	1
3	9	8	5			7	9	8	2
	8	1			2	6	8		
7	6	4	5	9	3	8		5	1
9	5		2	7	1	9	6	4	3
		2	1	3			9	2	
4	8	1	3			9	1	3	8
9	7	3		4	3	5	2	1	7
	9	7		2	1		8	6	9

36

7	6	2	1			5	3	1	2
9	8	6	3	5		3	1	2	4
	9	7		7	9	8		3	1
2	4	1		9	8		2	5	3
1	7	3	2		6	9	7		
		5	1	8		2	6	1	3
3	5	4		7	9		4	2	1
4	2		6	9	8		1	3	
1	3	2	5		6	7	8	9	2
2	1	4	3			2	9	7	1

37

3	9	8			1	3		9	7
2	8	1	6	3	5	4		8	9
1	6	3	2	4		7	9	6	8
		7	9		7	9	8		
3	1	2		7	9	8		3	1
1	2		7	9	8		4	1	2
		7	9	8		9	7		
5	7	9	8		4	2	3	6	1
6	8		5	4	3	6	1	8	2
8	9		1	3			8	9	4

38

7	5			9	8		9	5	
9	7	8		5	3	9	8	7	6
8	9	6	3	2	1	7		9	8
6	8		1	4	2		4	8	
4	6	1	2		4	3	1		
		3	4	2		1	2	7	5
	9	2		1	2	4		6	8
9	7		5	3	1	2	8	9	7
5	6	7	8	9	3		6	8	9
	8	9		8	5			4	6

39

6	3	9	7	4			3	1	
2	1	6	4	3	5		9	4	6
	6	8	9		3	4	6	2	1
1	2		8	6		9	8		
3	4	7		7	9		1	6	
	5	9		9	8		2	4	3
		5	9		7	8		2	1
2	9	8	7	1		4	2	1	
1	4	2		4	5	7	1	3	2
	6	1			7	9	4	5	8

40

1	6			7	9			3	1
2	4	1		9	8	6	7	1	2
6	9	3	4	8		8	9		
			1	5				6	1
1	4	7	2	3	8		1	4	2
7	8	9		1	6	7	2	9	8
5	9				9	8			
		3	1		5	9	7	1	2
5	3	1	2	8	4		9	6	8
2	1			9	7			4	9

41

1	3			7	5			1	3
2	1	4		9	7		3	2	1
		3	9	6	8	7	5		
1	3		7	8	9	5		3	5
9	8	3	1			9	7	2	1
7	9	1	2			8	9	1	3
2	1		3	2	4	1		4	2
		7	5	1	2	3	4		
1	3	2		3	1		2	1	3
2	1			5	3			2	1

42

9	6	8			9	5		9	7
7	2	9	3		7	9	8	5	6
3	1		1	3		7	9		
			5	2	1	4		1	3
6	8	9		1	3	8	9	4	6
1	2	8	3	7	9		7	9	8
4	9		1	4	8	9			
		1	2		6	7		9	7
5	1	3	4	2		4	5	6	8
1	3		6	1			7	8	9

43

	7	4	9	8	6		1	6	8
7	9	2	8	1	4		6	8	9
2	5	1	3		8	3	4	9	7
1	3		7	6		1	2		
4	6	7		9	7		7	4	
	8	9		8	9		9	8	3
		2	1		8	7		5	2
9	7	4	3	1		9	2	7	1
6	8	1		6	7	8	3	9	5
8	9	6		2	3	4	1	6	

44

	9	7	8		3	1	8	9	7
1	8	9	6		1	2	6	8	9
2	4	1		3	4			6	8
	7	3		1	2		4	7	5
	6	2	1	4		9	5		
		4	3		5	7	6	8	
7	4	5		6	7		1	3	
9	7			8	9		9	7	8
3	1	9	2	7		3	8	9	6
1	2	8	4	9		1	2	4	

45

		1	3		5	1	2	3	4
	6	2	4		3	2	4	1	6
6	5		1	3		3	1		
7	3	1	2	4	9	5		4	3
9	7	4		6	8		6	3	1
4	1	2		2	4		8	9	6
5	2		5	1	6	8	9	7	4
		1	3		7	9		6	2
9	8	4	2	1		6	8	5	
7	5	2	1	3		7	9		

46

8	5	9		9	7		6	9	8
4	2	1	7	8	9		8	7	9
	1	3	5	2		9	5		
	7	8	9		5	8	7	9	
1	3		8	1	3		9	5	1
2	4	1		2	1	3		4	3
	8	3	1	4		8	9	6	
		4	2		9	7	5	3	
1	3	5		5	7	4	2	1	3
4	1	2		9	8		4	2	1

47

	6	4			9	8		9	7
8	1	3	9		7	9	8	5	6
7	2	1	5	3		7	9		
9	8	6		1	2		6	5	2
	9	2	8		1	2		3	1
1	3		9	8		1	4	6	
2	4	1		7	9		2	4	1
		9	8		7	5	8	9	3
5	6	7	9	8		1	9	7	2
9	7		7	9			1	8	

48

1	3		7	9			3	1	
4	2	5	9	8	3		1	2	4
2	1	3	4		6	7	9	4	8
	7	9		4	8	9	6		
9	4	8		6	7			7	9
8	6			1	9		5	6	8
		4	1	2	5		2	4	
8	1	2	3	5		5	3	1	2
9	6	8		3	7	9	1	2	4
	4	9			9	8		3	1

49

3	4	1	2			8	9	4	
5	2	3	1		5	9	7	6	8
		2	4	3	9	7		7	9
5	9		5	1		2	5	9	
7	8	9		9	7		7	8	9
1	2	4		8	9		1	2	4
	1	6	8		3	4		1	3
1	3		5	9	1	2	4		
2	4	1	3	7		3	1	2	5
	6	2	1			1	2	4	3

50

8	6	9			4	2	7	1	
5	8	7	9		6	1	9	7	8
		6	8	3	9	7		9	5
	7	8		1	8	9	7	6	
5	1		3	2		6	9	8	7
3	2	1	4		1	3		5	9
	5	3	2	1	4		2	3	
7	9		1	3	9	2	4		
6	8	3	7	9		1	3	2	5
	6	1	5	8			1	4	2

51

1	2		3	1		1	4	2	3
3	1		6	8	9	3	2	1	5
	4	6	8	9	7		1	3	
		8	9	7			7	9	
8	6	9		5	9			5	1
9	7			6	7		2	4	3
	8	9			2	4	1		
	9	7		2	1	6	3	4	
4	1	2	7	6	8	9		1	2
2	3	1	9		3	1		3	1

52

1	3	2		7	5		6	9	8
2	1	4		9	7		8	7	9
		3	9	6	8	7	5		
1	3		7	8	9	5		3	5
9	8	3	1			9	7	2	1
7	9	1	2			8	9	1	3
2	1		3	4	2	1		4	2
		6	5	2	1	3	9		
1	3	2		1	3		6	9	8
2	1	4		3	5		8	7	9

53

1	2	3		2	1			6	8
2	9	8	1	4	3		8	9	7
4	7	9	8	6		5	6	8	9
	1	5			1	3		1	3
		4	2	1	3	7		2	1
2	1		4	2	5	9	3		
6	8		1	3			5	9	
9	7	8	5		4	2	1	3	6
8	9	6		7	6	9	2	1	8
1	3			9	8		7	8	9

54

4	7	9	3	6			8	9	
3	9	8	1	2	4		6	8	9
	3	1		1	6	8	9	3	7
9	8	6	7		8	9	7		
7	6		8	9	7		5	7	
	5	3		8	9	6		3	1
		2	1	6		1	5	4	2
8	2	1	3	4	9		7	9	
9	8	6		1	5	7	9	8	3
	9	4			4	9	8	6	1

55

4	2	1		2	3	1		2	1
8	7	4	3	1	2	5		1	3
		2	1	4			9	7	
	1	3					5	6	8
1	2	5	8	7	6	9		5	7
3	5		3	2	1	4	5	8	9
2	4	5					7	9	
	3	1			6	9	8		
9	8		8	5	9	7	6	2	3
7	9		7	9	8		9	6	8

56

1	3	2		7	5		2	3	1
2	1	4		9	7		4	1	2
		3	9	6	8	7	1		
			7	8	9	5			
7	8	9	6			8	6	7	9
5	9	7	8			9	8	5	7
			1	9	8	3			
		5	2	7	9	1	3		
1	3	2		8	6		2	3	1
2	1	4		5	7		4	1	2

57

4	6	2	1			3	2	1	4
9	8	6	3	7		5	1	3	2
	9	7		9	7		9	7	
		9	7		9	7		9	7
8	9	3	1		8	9	7	2	1
3	7	1	2	5		8	9	6	3
1	3		3	1		2	1		
	1	3		2	1		3	1	
7	2	1	3		3	7	4	2	1
9	4	2	1			9	8	4	3

58

	1	3		2	1		6	8	9
1	4	2	7	5	3		8	9	7
3	2	1	5		2	4	1		
	8	5		7	4	8	9	6	3
1	3		3	1		9	7	2	1
8	9	3	1		1	7		9	7
4	7	1	2	6	3		9	7	
		9	6	8		9	6	8	3
1	2	4		9	5	7	8	4	1
3	1	2		7	9		3	1	

59

1	6		1	3		3	1	2	4
8	9	4	2	1		5	3	1	2
2	4	1			7	9		3	1
		2	3	9	8				
5	8	6	1	7	9			1	3
7	9			1	3	9	2	5	4
				2	1	7	4		
1	3		1	3			6	9	8
4	2	5	9		2	3	1	4	6
2	1	3	5		5	1		1	3

60

3	1		6	8	5		2	4	
1	2	5	8	9	7		1	3	
		9	7		2	1		2	1
1	2		4	2	1	3		1	3
6	4	2	9	1	3		9	7	
	3	1		7	9	6	8	5	4
1	5		7	3	8	9		9	7
3	1		9	5		7	9		
	9	7		6	9	8	5	2	1
	8	9		9	7	5		1	3

61

9	8			7	5			9	8
7	9	8		9	7		8	7	9
		3	9	6	8	7	5		
2	1		7	8	9	5		3	5
9	8	3	1			9	7	2	1
7	9	1	2			8	9	1	3
1	3		3	2	4	1		4	2
		7	5	1	2	3	4		
9	8	6		3	1		6	9	8
7	9			5	3			7	9

62

2	4	1	3		1	3		6	8
1	6	3	5	9	2	7		7	5
7	9			6	8	9		4	6
3	1		1	2			8	9	7
		5	3	1	2		6	8	9
9	7	8		3	1	2	5		
8	9	6			3	1		7	5
3	1		6	9	8			9	7
7	3		1	3	5	7	9	6	8
1	2		2	7		5	7	8	9

63

9	8				5	1		3	1
8	6		1	2	6	3		1	2
1	2	4	3	8	9		1	2	4
3	1	2		3	8	9	7		
7	9		3	1		8	9	6	
	3	1	5		7	6		3	7
		3	2	1	4		2	1	3
8	6	9		7	9	3	4	2	1
9	8		5	2	8	1		7	9
7	9		1	3				9	8

64

3	1	2	5		6	9	8	7	
1	2	4	3		8	7	9	5	6
	3	1		8	9			9	7
1	5	3	6	2			9	8	
3	4		9	7	1	2	3		
		7	8	9	3	6		3	1
	9	8			7	9	1	2	5
9	7			1	2		3	1	
5	6	9	8	7		1	8	9	3
	8	7	9	5		2	9	7	1

1

2÷ 2	1	144× 4	3	1− 6	5
1− 4	14+ 5	2	6	3÷ 3	1
3	6	9+ 1	2	5	2÷ 4
5− 6	3	120× 5	1	24× 4	2
1	4	6	1− 5	2	3
30× 5	2	3	4	5− 1	6

2

2÷ 3	6	9+ 1	2÷ 4	2	120× 5
5− 6	3	5	2÷ 1	4	2
1	2− 4	6	2	14+ 5	3
7+ 2	1	1− 4	5	3	6
4	50× 5	1− 2	3	24× 6	1
5	2	3 3	5− 6	1	4

3

2− 5	2÷ 4	2	2÷ 6	3	5− 1
3	30× 5	7+ 4	2	4− 1	6
10+ 2	6	1	7+ 3	5	15+ 4
6	2	3	1	4	5
3− 4	12+ 1	6	5	2	6× 3
1	8+ 3	5	24× 4	6	2

4

8+ 1	12× 3	4	11+ 5	6	4− 2
4	9+ 5	2	3÷ 1	3	6
3	2	1− 5	7+ 6	1	3− 4
11+ 5	4	6	1− 3	2	1
2	72× 6	1	4	5 5	2− 3
5− 6	1	3	2÷ 2	4	5

5

2÷ 3	60× 5	4	5− 1	6	2÷ 2
6	3	10+ 2	5	1− 4	1
2÷ 2	5− 6	1	3	5	24× 4
1	3− 2	5	2− 4	3 3	6
1− 4	3− 1	2÷ 3	6	30× 2	5
5	4	6	2 2	1	3

6

6× 1	2÷ 2	4	15× 5	3	1− 6
3	2− 6	10+ 1	2÷ 2	4	5
2	4	3	6	6+ 5	1
6+ 5	1	12+ 6	4	2 2	9+ 3
24× 6	13+ 5	2	3÷ 3	5− 1	4
4	3	5	1	6	2

7

2÷ 2	4	3÷ 1	3	13+ 6	20× 5
15× 5	72× 3	4	5− 6	2	1
3	6	11+ 2	1	5	4
2− 6	3+ 2	5	4	2− 1	3
4	1	1− 6	5	1− 3	2
15× 1	5	3	48× 2	4	6

8

36× 3	2	6	10+ 1	5	4
3− 2	5	3− 4	11+ 6	3÷ 3	1
2− 4	2÷ 6	1	5	1− 2	3
6	3	14+ 2	4	5− 1	5 5
5+ 1	4	5	3	6	3÷ 2
15× 5	1	3	2− 2	4	6

9

3− 6	3− 5	2	10× 1	11+ 3	4
3	24× 6	5	2	4	9+ 1
2÷ 1	4	11+ 6	5	2 2	3
2	1− 3	3− 1	19+ 4	6	5
1− 5	2	4	3	30× 1	6
4	3÷ 1	3	6	5	2 2

10

1− 5	6	144× 4	2	3	1 1
30× 3	3+ 2	1	6	5 5	360× 4
2	5	13+ 3	3÷ 1	2÷ 4	6
4× 1	4	6	3	2	5
4	1	2 2	1− 5	6	3
2÷ 6	3	1− 5	4	2÷ 1	2

11

2− 4	2÷ 3	6	10× 2	5	1
6	2− 4	2÷ 2	2− 5	3÷ 1	3
2÷ 2	6	1	3	7+ 4	1− 5
1	2 2	8+ 5	12+ 4	3	6
2− 5	6+ 1	3	6	2	2÷ 4
3	5	4 4	6× 1	6	2

12

2÷ 1	60× 2	6	5	72× 4	3
2	9+ 1	5	3	6	4 4
13+ 4	6	3	5− 1	13+ 2	5
3 3	12+ 4	2÷ 2	6	5	1
5	3	4	8+ 2	1	36× 6
11+ 6	5	1	4	3	2

13

120× 6	5	1− 3	4	3÷ 1	3− 2
4	3÷ 6	8× 1	2	3	5
1 1	2	4	2− 3	5	2− 6
1− 3	3+ 1	2	11+ 5	6	4
2	2− 3	5	12+ 6	4	2− 1
1− 5	4	5− 6	1	2	3

14

24× 4	6	1	3 3	90× 5	2÷ 2
6× 1	9+ 2	3	3− 5	6	4
6	4	11+ 5	2	3	2− 1
6+ 5	1	6	2÷ 4	2	3
2− 3	5	2÷ 2	5− 1	2− 4	6
1− 2	3	4	6	6+ 1	5

15

2− 2	4	1− 1	1− 3	30× 6	2− 5
11+ 6	18× 1	2	4	5	3
5	3	6	8× 2	4	5− 1
1− 4	5	3 3	1	6× 2	6
2÷ 3	6	1− 4	5	1	2÷ 2
3+ 1	2	1− 5	6	3	4

16

10× 1	1− 3	40× 4	5	2	12+ 6
2	4	3÷ 3	48× 6	1	5
5	12+ 6	1	2	2÷ 3	4 4
1− 3	1	5	4	6	2÷ 2
4	3÷ 2	6	3÷ 3	60× 5	1
1− 6	5	2 2	1	4	3

17

3− 5	2	2− 4	4× 1	12+ 3	6
2÷ 2	180× 5	6	4	1	3
1	6	3	2	20× 4	5
36× 4	3	8+ 2	11+ 6	5	1
3	4 4	1	2− 5	4− 6	2÷ 2
5− 6	1	5	3	2	4

18

3+ 1	2	2÷ 4	11+ 5	6	3− 3
75× 5	3	2	5+ 4	1	6
1− 2	5	30× 6	24× 1	1− 3	4
3	6× 1	5	6	4	3− 2
2− 4	6	12× 1	6× 3	10× 2	5
6	4	3	2	5	1

19

2÷ 2	4	2× 1	2− 3	5	2÷ 6
13+ 4	1	2	1− 5	6	3
6	3	10× 5	2	3− 4	1
13+ 5	2	6	3÷ 1	3	1− 4
3÷ 1	13+ 6	3	4	2 2	5
3	5 5	2− 4	6	2÷ 1	2

20

2÷ 3	60× 5	2	6	20× 4	3− 1
6	9+ 2	3	1− 1	5	4
3÷ 1	3	4	2	180× 6	5
2− 4	5+ 1	11+ 6	5	3	2
2	4	4− 5	8+ 3	1	3− 6
1− 5	6	1	4	2 2	3

21

1 1	12× 2	3	2− 5	2− 4	6
90× 6	1	2	3	1− 5	4
3	11+ 4	6 6	10× 2	1	5
5	6	1	2÷ 4	2	6+ 3
2÷ 2	8+ 5	2− 4	6	3− 3	1
4	3	6+ 5	1	6	2

22

1− 3	2	20× 5	4	5− 6	1
10+ 1	24× 4	2	2÷ 6	3	60× 5
5	3	4 4	6+ 1	2	6
4	5− 6	3− 3	5	1 1	24× 2
3÷ 2	1	6	11+ 3	1− 5	4
6	5	1	2	4	3

23

90× 5	3	6	3+ 2	1	1− 4
3+ 2	1	2− 5	2− 4	6	3
2− 6	4	3	4− 5	2÷ 2	1 1
60× 3	3÷ 6	2	1	4	3− 5
4	5	7+ 1	6	14+ 3	2
1 1	24× 2	4	3	5	6

24

3− 5	5− 1	6	24× 2	3	4
2	11+ 3	12× 4	11+ 6	5	4− 1
6	2	1	3	4 4	5
9+ 4	3− 5	2	10+ 1	6	3
1	4	2− 3	5	3÷ 2	6
14+ 3	6	5	3− 4	1	2 2

25

1− 4	5	12+ 6	1	2	1− 3
11+ 6	40× 1	2	5	3	4
5	4	90× 3	6	2÷ 1	2
18× 3	2	5	120× 4	6	5− 1
1	3	24× 4	2	5	6
2 2	5− 6	1	3	1− 4	5

26

24× 3	1	2	150× 5	6	4 4
24× 2	4	11+ 6	2÷ 1	5	2÷ 3
4	3	5	2	11+ 1	6
1− 5	6× 2	3	6	4	3+ 1
6	12+ 5	3− 1	1− 4	10+ 3	2
1	6	4	3	2	5

27

2− 4	6	1− 2	1	2− 3	5
3− 2	5	24× 4	6	1	3 3
4− 1	8+ 3	5	2 2	2− 6	4
5	3+ 1	24× 3	4	2	5− 6
2÷ 3	2	5− 6	9+ 5	4	1
6	4 4	1	30× 3	5	2

28

4− 2	6	12× 3	1	4	5 5
13+ 4	5	1− 1	2	1− 3	2÷ 6
4− 1	4	7+ 5	108× 6	2	3
5	12× 1	2	3	6	3− 4
2÷ 3	2	6	9+ 4	5	1
6	60× 3	4	5	2÷ 1	2

29

2÷ 3	15× 5	10+ 1	4	3÷ 6	2
6	3	5	3÷ 1	2÷ 2	4
120× 2	6	1− 4	3	4− 1	5
5	2	3	60× 6	1− 4	5− 1
4× 4	1	2	5	3	6
1	2− 4	6	2 2	2− 5	3

30

6× 3	2	1− 4	5− 6	1	8+ 5
5+ 4	2÷ 6	3	60× 5	2	1
1	3	2 2	4	1− 5	2− 6
2÷ 2	1	11+ 5	3	6	4
1− 5	4	6	2× 1	12× 3	1− 2
1− 6	5	1	2	4	3

31

24× 4	4− 5	1	3− 3	6	3+ 2
6	16+ 3	5 5	2÷ 4	2	1
2	6	9+ 4	5− 1	2− 3	5
5	2	3	6	4− 1	4 4
24× 1	4	6	20× 2	5	13+ 3
2− 3	1	2	5	4	6

32

36× 3	3+ 2	1	5− 6	1− 5	4
6	1− 4	2− 3	1	7+ 2	5
2	3	5	2− 4	6	3÷ 1
24× 4	6	3÷ 2	30× 5	1 1	3
4− 5	1	6	3	1− 4	4− 2
1 1	1− 5	4	2	3	6

33

2÷ 3	6	24× 4	2	3− 1	4− 5
3− 2	5	144× 6	3	4	1
5− 1	4	3	4− 5	3÷ 6	2
6	90× 3	2	1	11+ 5	4
1− 4	1	5	6	2	3− 3
5	3+ 2	1	1− 4	3	6

34

11+ 5	3 3	2− 4	6	2− 1	2÷ 2
6	1− 5	24× 1	2	3	4
1 1	6	3	4	7+ 2	5
2÷ 2	1	2− 5	3	24× 4	6
9+ 3	2÷ 4	2	11+ 5	6	2− 1
4	2	6 6	4− 1	5	3

35

4− 1	11+ 5	6	48× 4	3	2
5	12+ 4	2÷ 3	6	2	5+ 1
2÷ 3	6	20× 5	1− 2	1	4
6	2	4	2− 1	1− 5	90× 3
2÷ 4	2÷ 1	2	3	6	5
2	3÷ 3	1	1− 5	4	6

36

4 4	1− 6	5	6+ 1	6× 3	2
8+ 2	4	1− 3	5	5− 6	1
2÷ 3	2	4	7+ 6	1	1− 5
6	3÷ 3	2÷ 1	3− 2	5	4
25× 5	1	2	1− 3	4	2÷ 6
1	5	6 6	2− 4	2	3

37

9+ 4	2÷ 2	1	30× 6	8+ 3	5
2	15+ 4	5	1	2÷ 6	3
3	6	48× 4	5	10+ 1	2 2
5− 1	15× 3	6	2	5	4
6	5	30× 2	1− 3	4 4	12× 1
5	1	3	4	2	6

38

1− 4	11+ 2	2÷ 6	3	30× 1	5
3	5	4	5− 1	6	8× 2
36× 2	3	2− 5	6	4	1
6	5− 1	3	12+ 2	5	4 4
4− 5	6	5+ 1	4	2	2÷ 3
1	2÷ 4	2	5 5	3	6

39

5+ 4	1	2− 3	5	14+ 2	6
1− 5	4	6× 2	3	6	10+ 1
3+ 2	2÷ 3	6	1	4	5
1	4− 2	11+ 5	6	8+ 3	2− 4
3− 3	6	7+ 1	4	5	2
6	1− 5	4	2	3÷ 1	3

40

2− 5	3	2÷ 2	1	12× 4	6 6
1− 4	5	2÷ 6	4− 2	3	6+ 1
2÷ 2	4	3	6	1 1	5
3÷ 6	2	2− 1	3	1− 5	4
2− 3	1	4 4	1− 5	3÷ 6	2
1 1	30× 6	5	4	1− 2	3

41

3÷ 3	17+ 2	4	5− 6	1	90× 5
1	5	6	2÷ 2	1− 4	3
1− 4	1− 3	2	1	5	6
5	6 6	3÷ 3	7+ 4	2	1
2− 6	4	1	5 5	6× 3	2
2÷ 2	1	2− 5	3	2− 6	4

42

2− 4	36× 2	3	6	1	11+ 5
6	12× 4	3+ 2	3 3	5	1
3+ 2	3	1	10× 5	24× 4	6
1	1− 6	5	2	7+ 3	4
12+ 5	1	6	2÷ 4	2	1− 3
2− 3	5	3− 4	1	6 6	2

43

20× 5	1	4	5− 6	1− 2	3
30× 3	5	18+ 6	1	2÷ 4	2
2	4	3	5	5− 6	4− 1
2− 4	2÷ 6	1− 2	3	1	5
6	3	2÷ 1	2	1− 5	4
1 1	40× 2	5	4	2÷ 3	6

44

60× 2	5− 1	6	5 5	2÷ 4	1− 3
5	6	8+ 3	1	2	4
3− 1	200× 2	4	6× 3	1− 6	5
4	5	1	2	2÷ 3	6
12+ 3	4	5	5− 6	1	10× 2
6	3	2− 2	4	5	1

45

30× 6	1	5	2− 3	2÷ 4	2
3+ 1	4− 2	6	5	72× 3	4
2	2÷ 3	5+ 1	4	6	2− 5
2− 5	6	2÷ 4	3÷ 2	7+ 1	3
3	13+ 4	2	6	5	1
4	5	6+ 3	1	2	6 6

46

3− 2	5	3÷ 3	1	144× 6	4
2− 1	3	15+ 4	15× 5	3+ 2	6
17+ 6	4	2	3	1	6+ 5
4	6	5	1− 2	3	1
2− 3	1	5− 6	14+ 4	5 5	1− 2
5	2 2	1	6	4	3

47

80× 4	2	2− 6	6+ 5	1	2÷ 3
2	5	4	3+ 1	2− 3	6
18× 3	5− 6	1	2	5	2÷ 4
6	1	60× 5	3	4	2
12× 1	4	3	60× 6	2	5
10+ 5	3	2	24× 4	6	1 1

48

120× 4	8× 1	2	90× 3	5	6
5	6	4	2÷ 2	9+ 1	3
8+ 1	1− 2	3	4	36× 6	5
3	4	11+ 5	6	2	1
11+ 2	1− 5	6	1 1	3	2÷ 4
6	3	20× 1	5	4	2

49

24× 6	1	2	4 4	2− 5	12× 3
2÷ 1	2	11+ 5	6	3	4
2	2÷ 3	6	12+ 5	4	1
60× 3	5+ 4	1	2	3÷ 6	11+ 5
4	1− 5	3÷ 3	1	2	6
5	6	1− 4	3	2÷ 1	2

50

2− 6	2− 2	4	2− 3	5	1 1
4	15× 1	5	11+ 6	2− 2	2÷ 3
3÷ 1	3	240× 2	5	4	6
3	4	6	2÷ 2	4− 1	5
3− 2	5	8+ 3	1	2÷ 6	2÷ 4
5	6 6	1	4	3	2

51

20× 1	5	4	3+ 2	2÷ 6	3
10+ 4	3	15+ 6	1	4− 5	3÷ 2
3	2− 2	5	4	1	6
1− 6	4	2 2	30× 5	3	1
5	18× 1	3	6	2	9+ 4
3÷ 2	6	1	1− 3	4	5

52

4− 5	30× 6	2÷ 4	3÷ 1	5+ 3	2
1	5	2	3	11+ 4	6
11+ 2	1− 4	5	6 6	1	2− 3
6	3	5− 1	2÷ 4	2	5
12× 3	6+ 1	6	3− 2	1− 5	4
4	2	3	5	7+ 6	1

53

15× 5	1	1− 3	3÷ 2	6	22+ 4
1− 4	3	2	6	1	5
3	20× 4	15+ 1	5	11+ 2	6
2 2	5	6	3	4	3÷ 1
5− 6	2÷ 2	4	3− 1	5	3
1	30× 6	5	4	1− 3	2

54

60× 1	5	3 3	240× 4	3÷ 6	2
6	2	4	3	4− 1	5
2− 4	6	5	1− 2	3	13+ 1
6+ 3	1	2	11+ 5	4	6
40× 5	4	13+ 1	6	2	1− 3
2	3 3	6	1	5	4

55

3− 5	144× 3	2	6+ 1	20× 4	6 6
2	4	6	3	5	10+ 1
6 6	8+ 5	3	2	2÷ 1	4
2÷ 3	6	3− 1	4	2	5
2÷ 1	2	1− 4	1− 5	2÷ 6	1− 3
3− 4	1	5	6	3	2

56

60× 3	5	2÷ 2	4	30× 6	1
4	6+ 1	3	2	5	48× 6
10+ 1	4	14+ 6	5	3 3	2
5	12× 6	1	3	9+ 2	4
3÷ 6	2	12+ 5	6× 1	4	3
2	3	4	6	4− 1	5

57

1− 3	3− 5	2	24× 6	10+ 4	1
2	13+ 3	6	4	1	5
15+ 6	4	6× 3	1	10× 5	2
5	6+ 1	4	2	5+ 3	2÷ 6
4	3÷ 6	1	13+ 5	2	3
1 1	2	5	3	2− 6	4

58

1− 5	4− 2	6	1− 3	4	6+ 1
4	5− 6	6× 3	2	1	5
3 3	1	17+ 4	6	7+ 5	2
3÷ 1	3	2	5	48× 6	4
12+ 6	4	11+ 5	5+ 1	2	3 3
2	5	1	4	2÷ 3	6

59

1− 2	3	4− 5	1	72× 4	6
5− 1	15+ 5	6	4	3	2− 2
6	2÷ 1	2÷ 2	3− 3	14+ 5	4
1− 3	2	4	6	1	5
4	120× 6	3÷ 1	3− 5	2	3
5	4	3	12× 2	6	1

60

3− 4	1	2÷ 6	3	10× 2	5
13+ 2	2− 3	15+ 4	6	5	2− 1
6	5	5+ 2	5+ 1	4	3
5	3÷ 6	3	2÷ 2	1	2− 4
8+ 1	2	5 5	12× 4	3	6
3	4	4− 1	5	3÷ 6	2

61

2÷ 2	1	17+ 6	1− 4	3	6+ 5
48× 4	2	3	6	5 5	1
6	90× 5	2	3− 1	4	15+ 3
3	6	6+ 5	2÷ 2	1	4
20× 5	4	1	2÷ 3	6	2
8+ 1	3	4	3− 5	2	6

62

60× 2	3÷ 3	1− 6	5	3− 1	1− 4
6	1	2÷ 2	7+ 3	4	5
5	3− 2	1	4	108× 6	3
12× 1	5	13+ 4	2 2	1− 3	6
3	4	5	6× 6	2	8+ 1
4	2÷ 6	3	1	5	2

63

3÷ 2	6	1− 3	150× 5	3− 1	4
16+ 3	2	4	6	5	20× 1
6	2÷ 1	2	7+ 3	4	5
5	60× 3	1 1	4	72× 6	2
4	5	30× 6	1	2	3
3− 1	4	5	5+ 2	3	6 6

64

1− 4	5	1− 3	2÷ 2	1	120× 6
3÷ 3	1	2	2÷ 6	4	5
17+ 6	3− 4	1	3	10+ 5	2
5	6	120× 4	1	9+ 2	3
2÷ 1	1− 2	6	5	3	4
2	3	15+ 5	4	6	1 1

65

40× 5	1 1	2÷ 2	13+ 4	3	1− 6
4	2	1	11+ 3	6	5
9+ 3	4	6	2	9+ 5	1
2	15+ 6	4	5	1	1− 3
6+ 1	5	15× 3	5− 6	2	4
2÷ 6	3	5	1	2÷ 4	2

66

20× 4	5	8+ 2	1	2÷ 3	6
5− 1	6	24× 4	5	1− 2	3
7+ 5	2	3	2÷ 6	10+ 1	4 4
2	7+ 1	6	3	4	5
6 6	8+ 3	1	4	60× 5	2
12× 3	4	3− 5	2	6	1

67

3÷ 1	3	1− 6	5	40× 2	4
6× 6	1	1− 2	3	15+ 4	5
12+ 4	2÷ 2	1	3÷ 6	5	6× 3
3	1− 5	4	2	6	1
5	12+ 6	60× 3	4	1 1	2
2	4	5	3÷ 1	3	6 6

68

4− 6	60× 3	1	11+ 2	5	4
2	5	5+ 4	1	2÷ 6	3
2− 1	4	180× 5	6	1− 3	10× 2
3	9+ 1	6	12× 4	2	5
5 5	6	2	3	24× 4	1
24× 4	2	3	4− 5	1	6

69

90× 2	3	6+ 5	1	4 4	15+ 6
3	5	12+ 2	5− 6	1	4
10+ 4	6	1	1− 2	3	5
3− 1	4	3	60× 5	3÷ 6	2
12+ 5	1	6	4	10+ 2	3
6	2÷ 2	4	3	5	1 1

70

18× 6	6+ 3	2	1	18+ 5	3− 4
3	2÷ 4	15× 5	6	2	1
1	2	3	5	72× 4	6
1− 5	6	9+ 4	3	1	6× 2
2÷ 2	30× 5	1	4	14+ 6	3
4	1	6	2 2	3	5

71

40× 1	2	6× 6	14+ 5	1− 4	3
5	4	1	3	6	150× 2
15+ 6	2÷ 1	2	4 4	3	5
2	7+ 3	4	12× 1	5	11+ 6
3	30× 6	5	2	1	4
4	8+ 5	3	6	2÷ 2	1

72

2− 3	5	1− 4	6× 1	6	2÷ 2
6× 6	1	3	2− 5	2÷ 2	4
3− 1	3− 2	5	3	4	6× 6
4	1− 3	2	60× 6	5	1
15+ 5	4	6	2	1	15× 3
3÷ 2	6	12× 1	4	3	5

1

8	-	3	x	5
+		x		x
7	x	9	+	1
-		x		+
2	+	4	x	6

2

6	x	1	-	2
+		x		x
4	-	8	+	5
+		x		x
7	x	9	+	3

3

6	x	5	x	1
x		-		+
8	+	3	-	9
-		x		+
7	+	2	+	4

4

3	÷	1	+	9
+		x		+
5	x	8	+	7
+		+		+
2	+	4	÷	6

5

5	+	8	x	6
÷		x		-
1	-	2	+	7
+		÷		+
3	x	4	-	9

6

6	+	5	-	2
+		x		+
7	x	9	-	3
-		+		x
8	x	1	+	4

7

8	x	4	-	7
-		x		+
9	x	3	-	1
+		x		x
5	+	2	+	6

8

2	x	4	+	3
+		+		+
6	+	5	+	7
÷		x		x
8	x	9	x	1

9

5	-	2	x	6
x		+		x
8	x	4	x	9
+		+		+
7	x	1	-	3

10

3	+	5	x	2
-		x		x
1	x	6	x	7
+		+		x
8	x	9	-	4

11

7	x	4	+	6
+		x		-
9	x	1	-	5
÷		-		+
8	+	2	+	3

12

5	x	4	÷	2
+		+		+
8	+	6	+	9
-		-		+
7	+	1	-	3

13

1	x	9	-	5
+		+		x
7	x	2	-	6
+		+		+
8	+	3	-	4

14

6	+	2	x	8
+		+		x
7	+	4	+	3
+		x		-
5	x	9	+	1

15

5	x	4	x	8
x		x		÷
3	+	6	x	2
+		-		÷
7	+	9	-	1

16

6	+	9	x	7
+		+		x
5	x	4	-	2
x		+		+
8	÷	1	x	3

17

8	x	9	-	7
÷		x		-
4	x	2	x	3
x		x		x
1	x	5	+	6

18

7	x	4	+	2
-		-		x
1	+	9	÷	5
÷		+		-
3	+	8	-	6

19

8	x	6	+	3
x		+		+
9	x	7	x	5
-		+		-
4	+	1	+	2

20

9	x	6	-	2
-		-		x
4	+	5	÷	3
-		x		x
1	x	7	+	8

21

4	x	2	x	5
-		+		x
3	-	7	+	9
x		-		-
1	+	8	-	6

22

2	x	5	-	8
x		x		x
9	+	7	-	6
+		x		-
3	x	4	-	1

23

6	+	5	x	1
+		+		+
7	x	3	-	4
+		+		+
8	-	2	x	9

24

3	-	7	+	5
x		+		x
4	÷	2	÷	1
x		+		x
9	x	8	x	6

25

8	x	6	÷	2
x		x		+
1	x	5	+	7
+		+		+
3	x	9	x	4

26

9	x	1	-	3
+		x		x
6	-	5	+	4
+		+		x
2	+	8	x	7

27

6	+	3	x	7
x		x		+
5	x	1	+	9
+		-		-
8	÷	2	+	4

28

4	+	8	÷	2
+		+		x
5	x	3	-	9
-		-		-
6	÷	1	x	7

29

6	x	8	+	5
-		x		x
7	+	3	-	2
+		x		+
9	÷	1	-	4

30

5	+	8	x	9
-		x		-
2	+	4	+	7
x		x		÷
6	-	3	+	1

31

5	x	4	+	6
÷		+		-
1	+	8	÷	3
+		+		+
2	+	9	+	7

32

5	+	3	+	4
-		x		x
6	x	1	+	7
+		+		+
2	+	9	-	8

33

7	+	2	÷	9
+		x		-
3	+	5	-	6
x		+		+
4	+	8	+	1

34

4	+	7	x	5
-		x		+
3	x	6	+	8
+		÷		x
9	-	1	-	2

35

8	-	6	+	1
x		x		x
4	x	5	x	9
+		+		÷
7	+	2	x	3

36

5	-	3	+	7
+		-		x
6	x	1	-	2
-		x		-
4	+	8	+	9

37

9	x	8	÷	1
+		-		+
3	x	7	+	6
x		x		x
2	+	4	+	5

38

6	+	9	+	8
-		÷		+
7	÷	1	x	5
+		+		x
2	x	4	x	3

39

5	x	4	x	6
x		-		x
7	+	9	+	2
-		+		÷
3	x	8	x	1

40

9	x	4	-	5
+		-		+
6	x	2	÷	3
x		+		x
8	x	7	+	1

41

9	x	2	-	6
x		x		x
1	+	7	÷	8
+		x		-
4	x	3	+	5

42

4	+	5	x	3
x		+		+
9	-	2	+	8
-		+		÷
7	+	6	÷	1

43

7	x	6	+	2
+		x		-
9	+	3	x	1
-		x		x
8	x	5	÷	4

44

9	+	8	x	4
-		÷		x
5	x	2	x	1
x		+		-
6	x	7	-	3

45

1	+	6	+	2
+		x		+
3	x	4	x	5
+		-		+
8	x	7	+	9

46

2	x	7	-	1
x		x		x
9	+	8	+	6
+		+		-
4	-	3	+	5

47

8	x	9	÷	3
x		x		-
4	+	6	+	2
+		+		÷
7	x	5	x	1

48

4	÷	1	x	8
-		+		x
3	+	6	+	5
+		x		÷
7	+	9	÷	2

49

1	x	9	-	7
x		-		-
6	-	3	+	8
+		-		+
2	+	5	x	4

50

6	x	5	-	7
+		-		x
4	-	3	÷	1
+		x		+
9	+	2	+	8

51

4	+	7	x	9
+		x		x
8	x	2	+	1
+		-		x
3	x	6	x	5

52

4	x	6	+	5
+		÷		x
7	x	2	+	3
x		+		+
9	÷	1	+	8

53

5	x	9	+	7
-		÷		+
4	x	3	x	2
+		+		-
6	x	8	-	1

54

4	x	5	x	3
-		x		+
2	+	7	x	6
x		x		+
9	+	8	x	1

55

5	x	7	-	6
-		x		x
4	+	9	x	3
+		x		+
2	x	8	+	1

56

9	x	1	-	4
+		-		÷
7	-	3	+	2
÷		+		x
8	+	5	+	6

57

8	-	5	+	6
x		x		÷
9	-	3	x	1
x		+		+
7	+	2	x	4

58

7	x	5	-	6
x		x		x
1	+	4	x	3
x		+		+
9	+	2	+	8

59

8	+	2	x	4
+		x		-
6	-	5	+	3
+		+		x
9	x	1	x	7

60

3	+	6	÷	1
+		+		x
8	-	4	x	2
+		-		x
7	+	5	x	9

61

1	+	9	x	2
-		-		x
3	x	7	+	4
+		x		+
6	+	5	x	8

62

8	x	9	÷	2
x		x		-
6	+	5	÷	1
+		x		+
7	-	4	+	3

63

7	x	4	x	5
+		+		x
2	x	8	-	6
x		÷		x
9	-	1	-	3

64

4	x	8	-	3
x		-		x
7	-	6	x	2
x		+		-
9	-	5	-	1

65

3	÷	1	+	8
x		x		+
9	x	5	x	7
+		+		+
2	x	4	-	6

66

3	x	7	x	5
x		+		-
2	x	8	+	4
+		+		+
6	+	9	-	1

67

1	+	8	-	7
+		x		+
4	-	3	x	2
x		-		+
9	+	6	-	5

68

2	x	5	+	9
÷		x		+
1	-	3	+	8
x		+		x
7	x	6	-	4

69

1	+	3	+	6
x		-		+
8	x	2	x	5
+		x		+
7	-	4	+	9

70

3	x	4	+	9
-		x		+
1	x	2	+	6
x		x		-
7	+	5	+	8

71

8	x	9	+	2
-		+		+
3	x	7	-	4
x		-		-
6	÷	1	+	5

72

6	-	8	+	3
x		x		x
4	+	5	x	2
x		-		+
7	+	9	÷	1

1

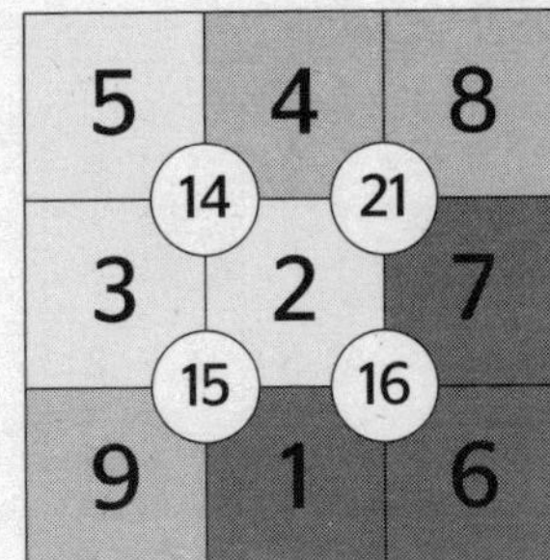
5 4 8
14 21
3 2 7
15 16
9 1 6

2

5 3 7
18 17
9 1 6
22 17
4 8 2

3

7 9 1
22 17
4 2 5
15 21
3 6 8

4

5 4 8
19 21
3 7 2
17 24
1 6 9

5

3 7 1
23 17
8 5 4
21 20
6 2 9

6

5 6 7
14 18
2 1 4
20 16
9 8 3

7

3 8 9
19 20
7 1 2
19 12
6 5 4

8

9 7 8
23 19
4 3 1
18 12
5 6 2

9

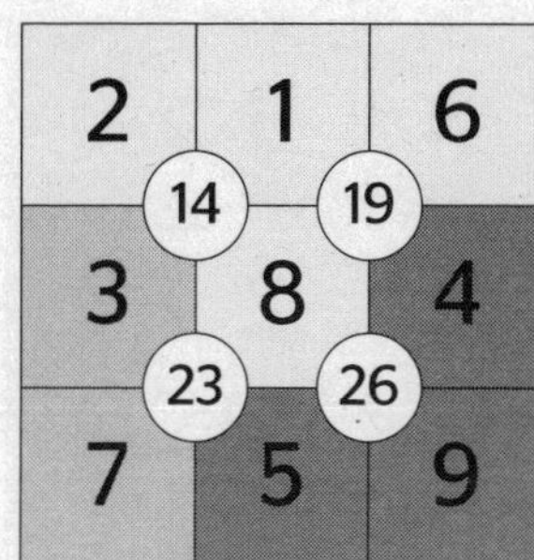
2 1 6
14 19
3 8 4
23 26
7 5 9

10

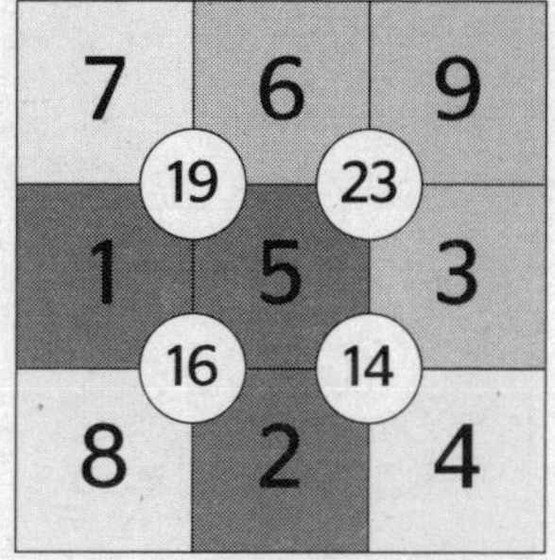
7 6 9
19 23
1 5 3
16 14
8 2 4

11

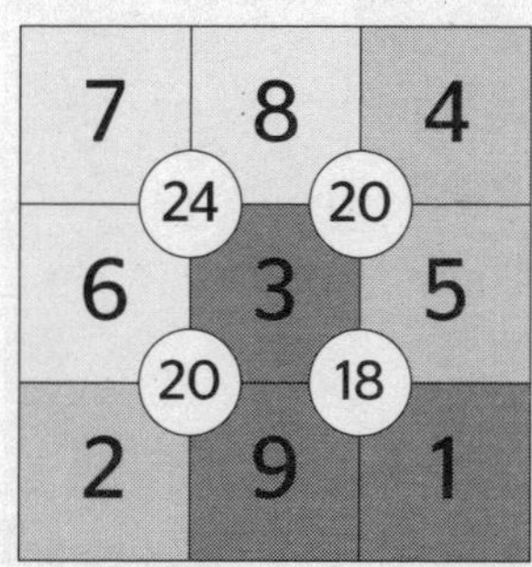
7 8 4
24 20
6 3 5
20 18
2 9 1

12

2 5 6
15 16
7 1 4
25 17
8 9 3

13

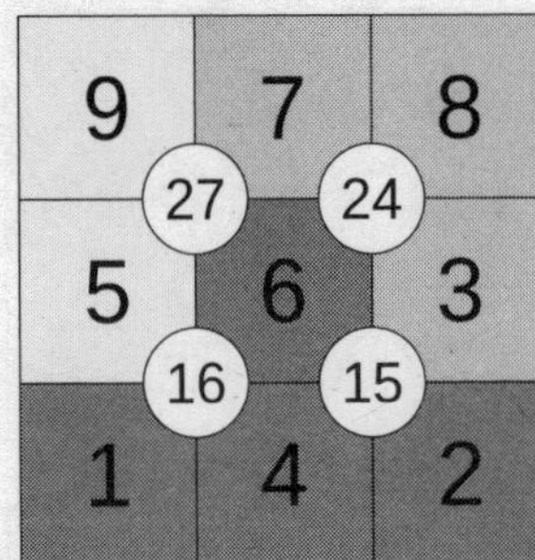

14

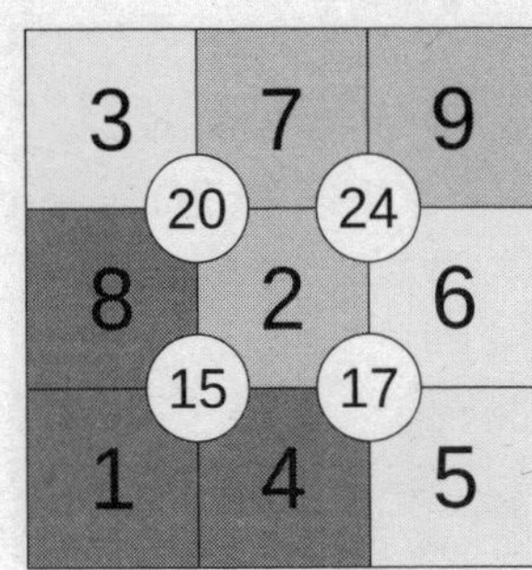

15

16

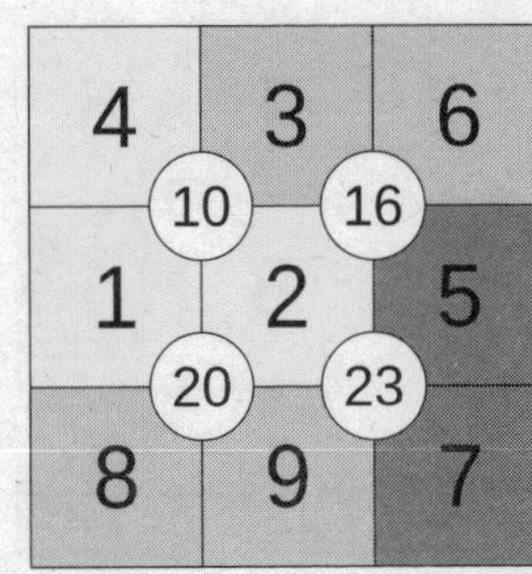

17

18

19

20

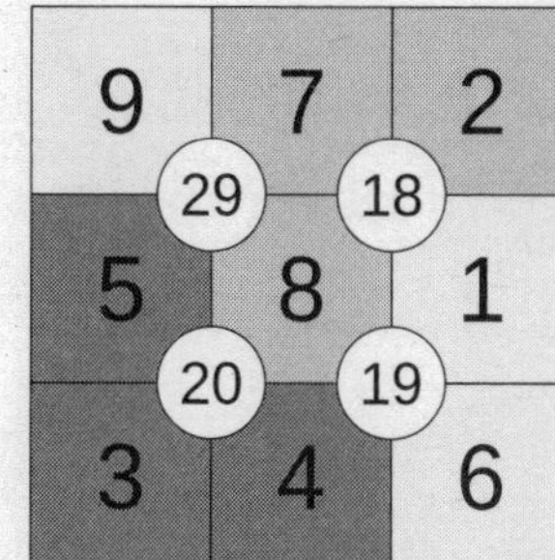

21

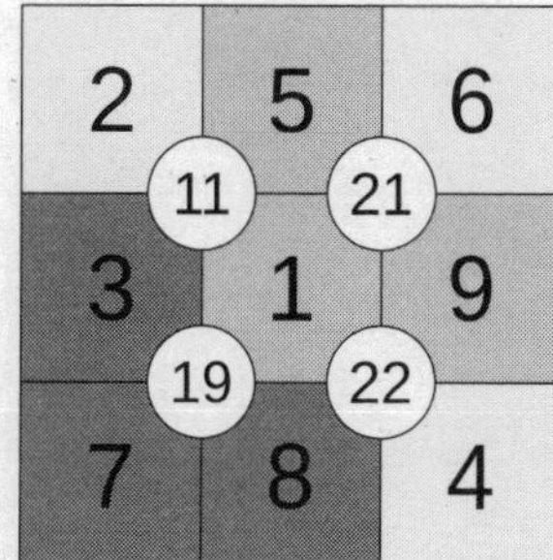

22

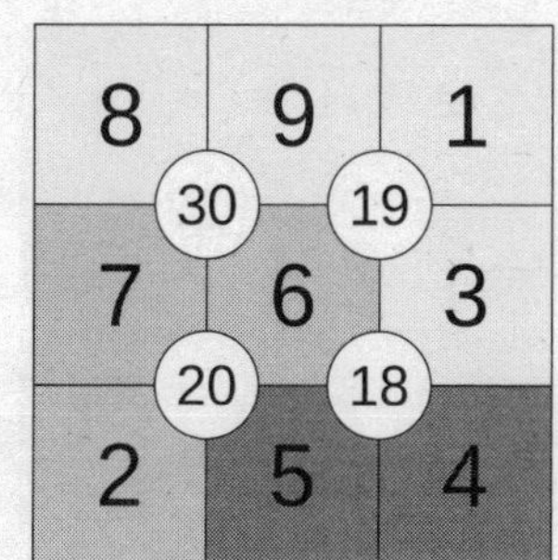

23

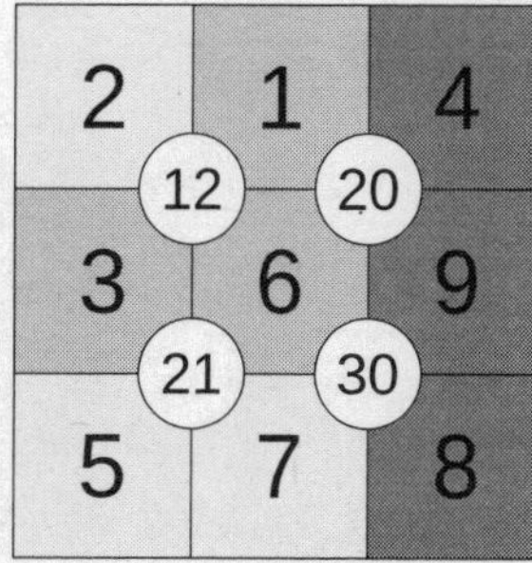

24

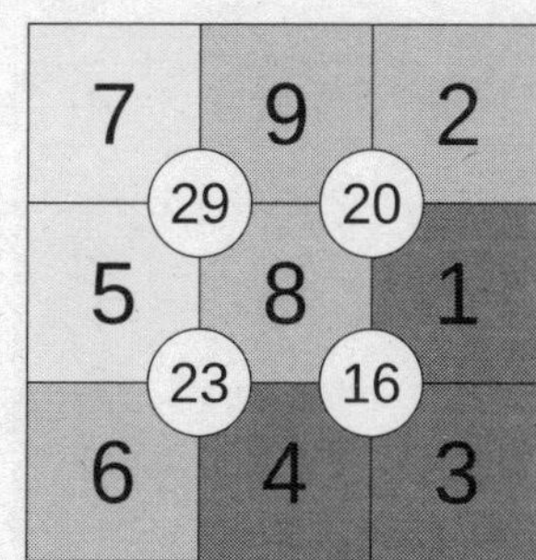

25

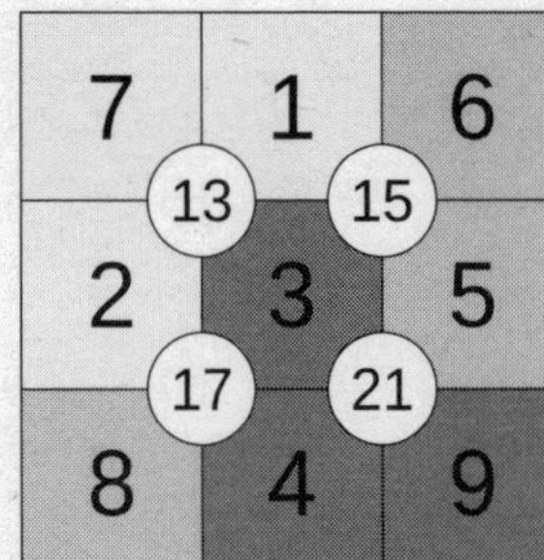

26

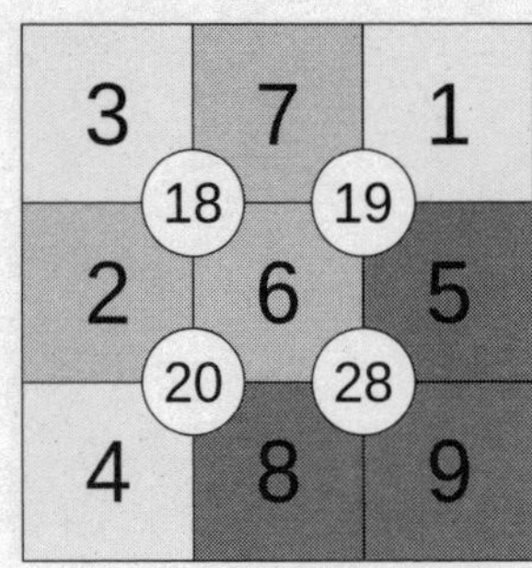

27

5	7	4
1	9	3
6	2	8

22 23

18 22

28

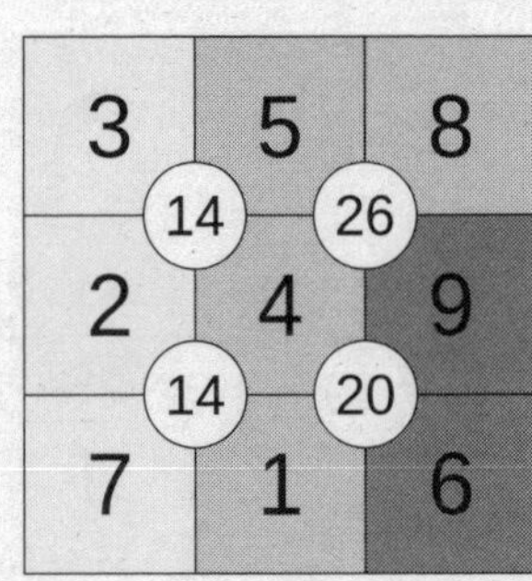

29

30

31

32

33

34

35

36

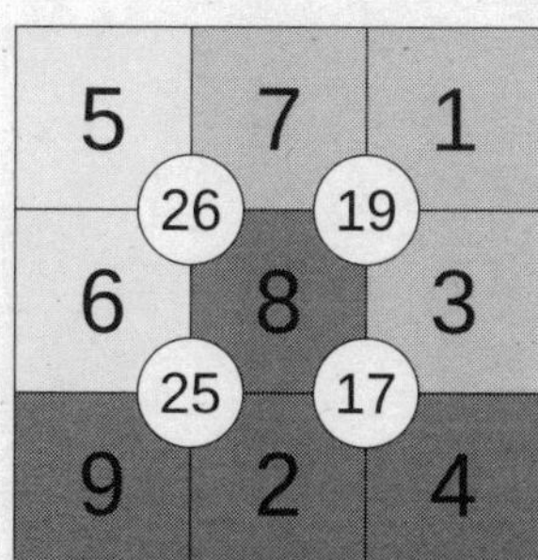

37

38

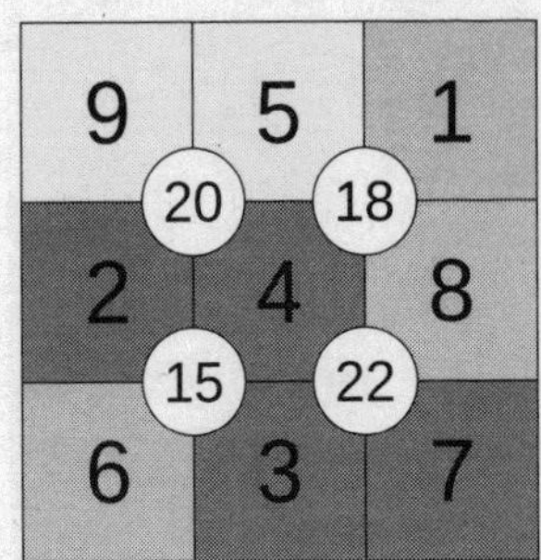

39

40

41

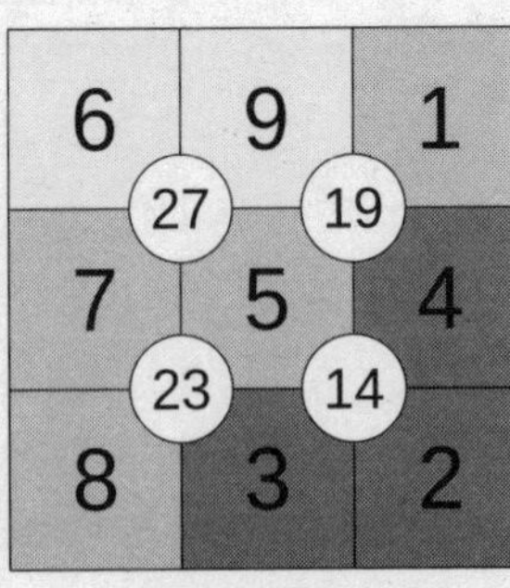

42

43

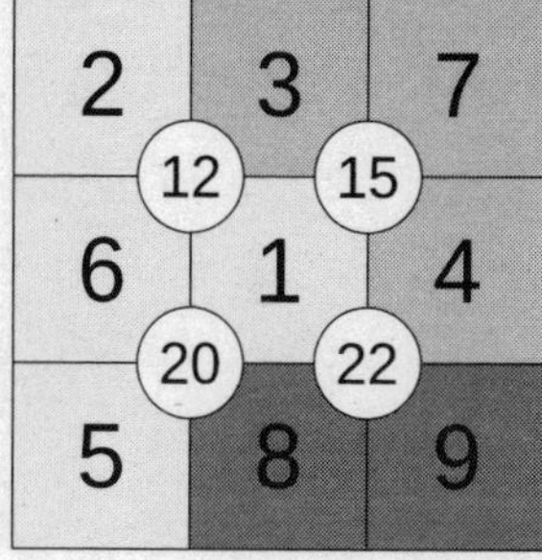

2	3	7
6	1	4
5	8	9

Circles: 12, 15, 20, 22

44

7	9	2
8	6	5
1	4	3

Circles: 30, 22, 19, 18

45

6	1	7
4	2	8
9	3	5

Circles: 13, 18, 18, 18

46

3	6	1
5	4	8
2	9	7

Circles: 18, 19, 20, 28

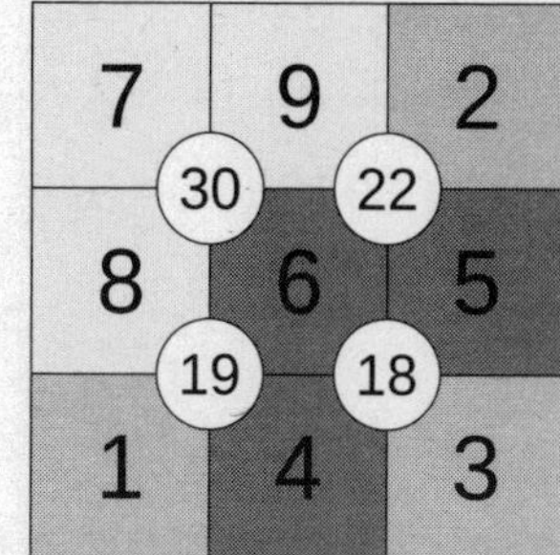

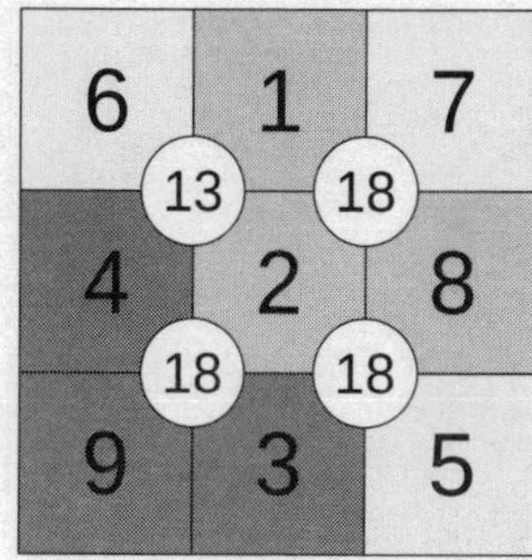

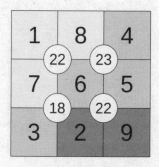

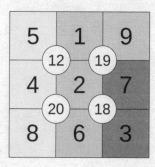

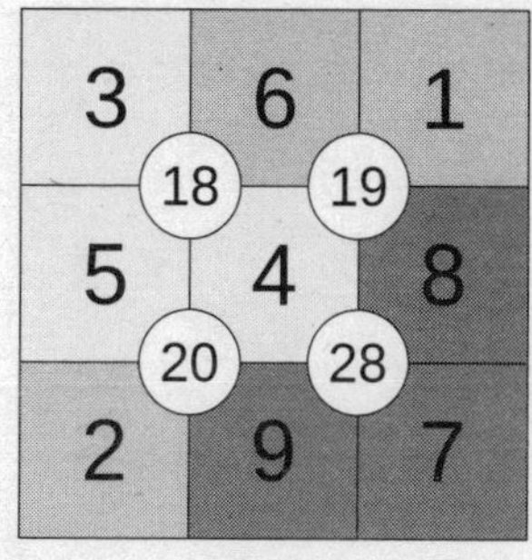

47

1	8	4
7	6	5
3	2	9

Circles: 22, 23, 18, 22

48

5	1	9
4	2	7
8	6	3

Circles: 12, 19, 20, 18

49

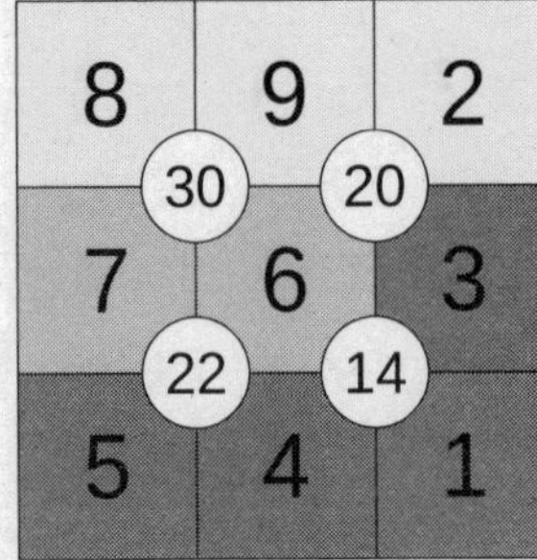

50

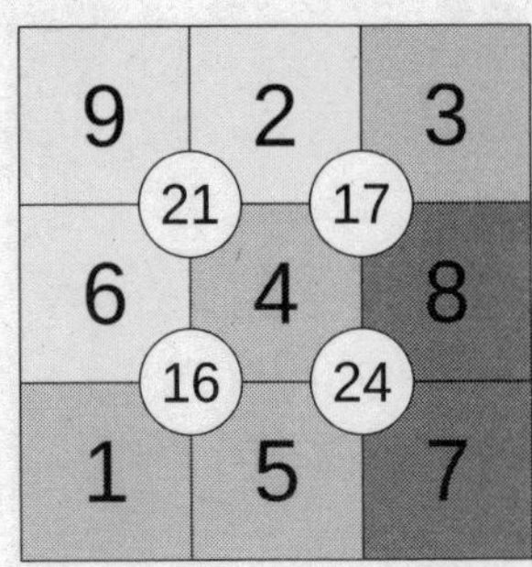

51

52

53

54

55

56

57

58

59

60

61

62

63

64

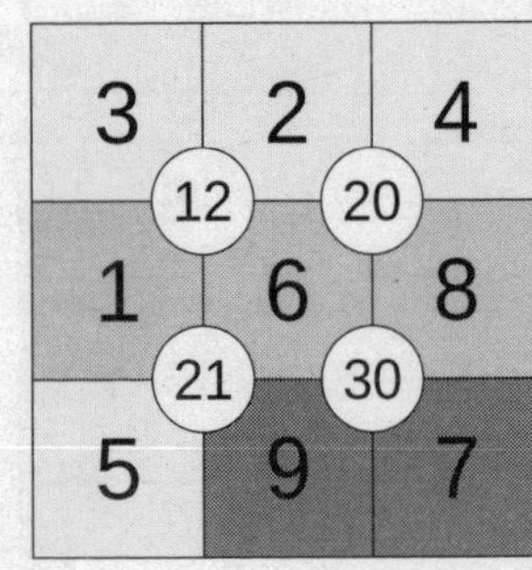

65

66

67

68

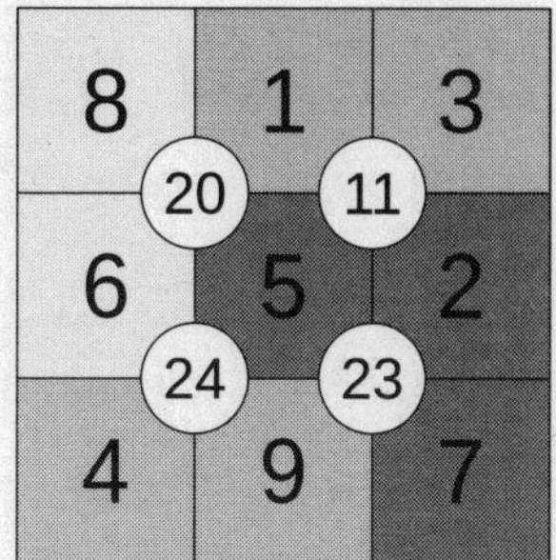

69

70

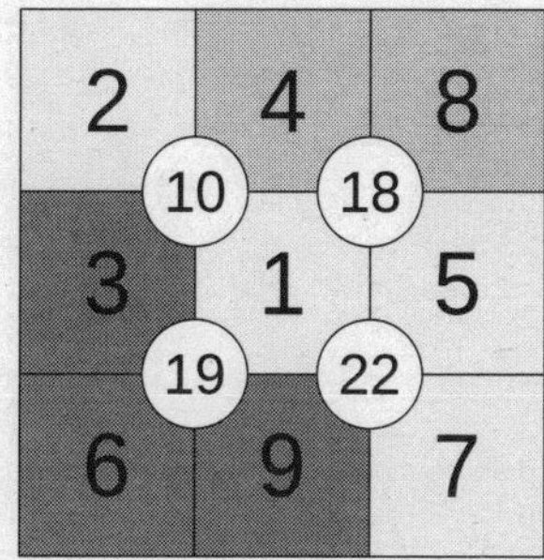

71

72

73

74

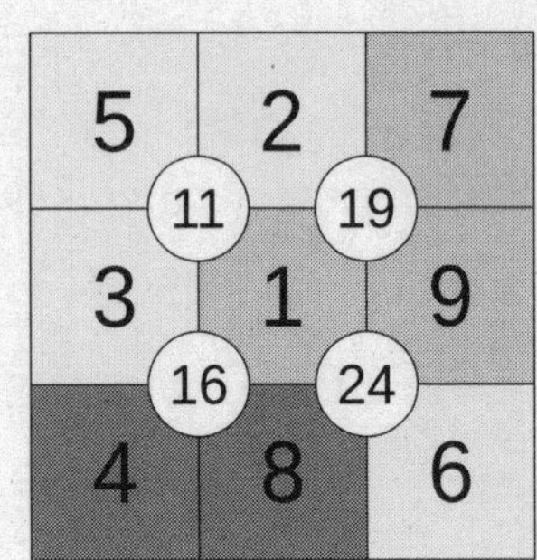

75

5	3	6
	17	20
7	2	9
	21	16
8	4	1

76

77

78

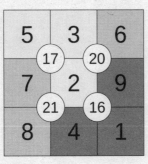

79

80

81

82

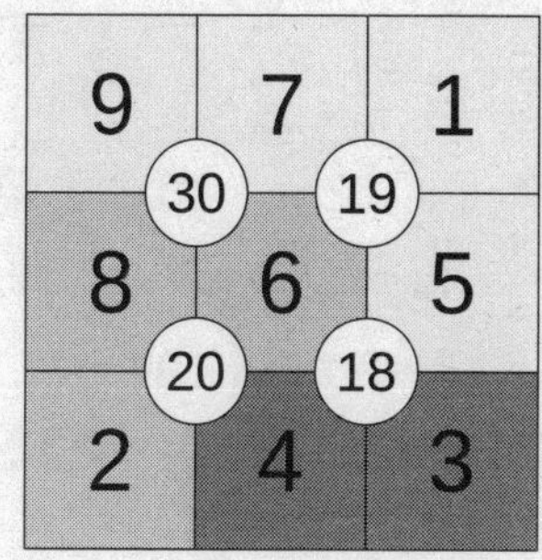

83

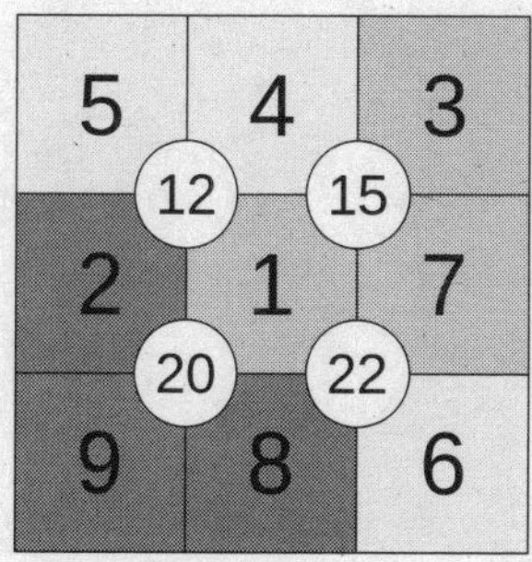

84

85

86

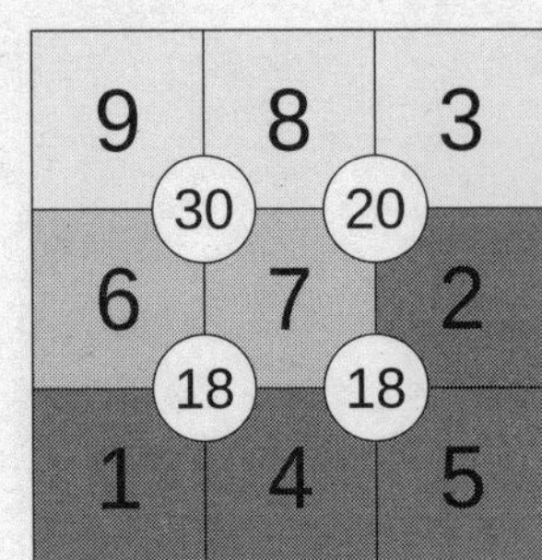

87

88

89

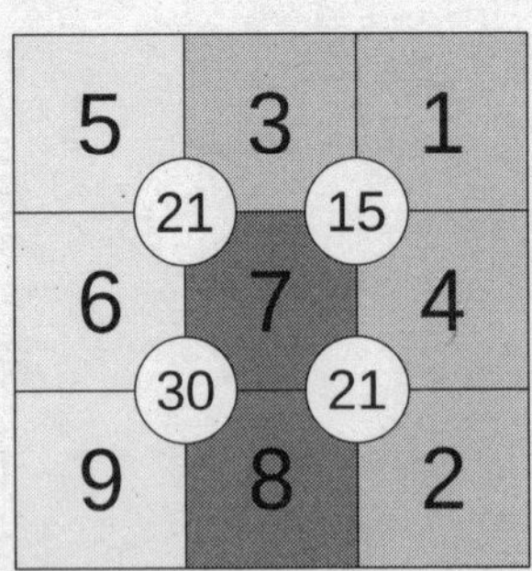

90

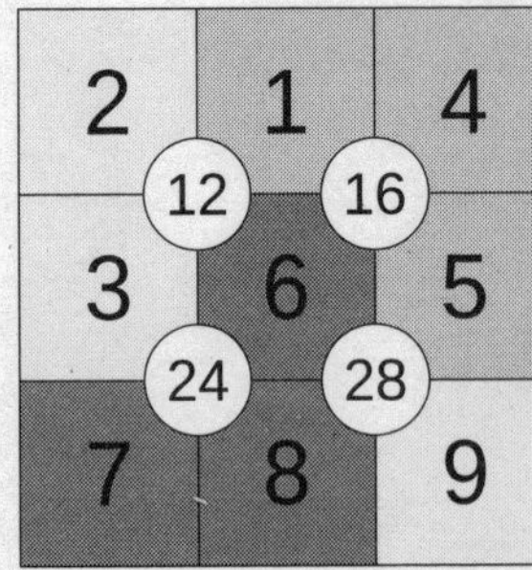

91

92

93

94

95

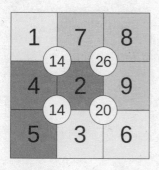

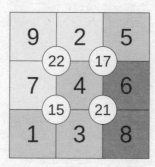

1	7	8
4	2	9
5	3	6

Circles: 14, 26, 14, 20

96

9	2	5
7	4	6
1	3	8

Circles: 22, 17, 15, 21